卡內基

經典新版

五分鐘名人秘史

戴爾・卡內基／著

〔名人推薦〕

除了自由女神，卡內基或許就是美國的象徵。

——美國《時代周刊》

在出版史上，沒有任何一本書能像卡內基那樣持久地深入人心，也唯有卡內基的書，才能在他辭世半個世紀後，還占據著我們的排行榜。

——《紐約時報》

與我們應取得的成就相比，我們只不過是半醒著，我們只利用了身心資源的一部分。卡內基因為幫助職業人士開發他們蘊藏著的潛能，在成人教育中掀起了一種風靡全球的運動。

——威廉·詹姆斯（哈佛大學著名心理學教授）

由卡內基開創並倡導的個人成功學，已經成為這個時代有志青年邁向成功的階梯，通過它的傳播和教導，無數人明白了積極生活的意義，並由此改變了他們的命運。卡內基留給我們的不僅僅是幾本書和一所學校，其實真正價值是：他把個人成功的技巧傳授給了每一個想成功的年輕人。

——甘迺迪總統（一九六三年在卡內基逝世紀念會上的演講）

你真想將自己的生活改變的更好嗎？如果是，那麼本書可能是你們遇到的最好的書之一。

閱讀它，再閱讀它，然後開始行動。

——奧格·曼丁諾《世界上最偉大的推銷員》作者

《讀者文摘》推介：

本書對你有什麼影響？

1. 改變你陳舊的觀念，給你新的一頁，讓你耳目一新！
2. 使你交友迅速，廣受歡迎，易得知己。
3. 幫助你不畏困難，建立積極的人生觀。
4. 幫助你使人贊同你，喜歡你。
5. 增加你的聲望，和你成功事業的能力。
6. 使你獲得新的機會。
7. 增加你賺錢的能力。
8. 幫助你成為一個更好的推銷員或高級職員。
9. 幫助你應付抱怨，避免責難，使你與人相親相愛。
10. 使你成為一個更好的演說家，一個健談者。
11. 使你每日生活中，易於應付這些心理學上的原則。
12. 使得有你在的場合，便可激起人生的熱忱。

作者簡介

戴爾・卡內基，被譽為二十世紀人類最偉大的人生導師，也是成功學大師。

卡內基於一八八八年十一月廿四日出生在美國密蘇里州的一個貧苦農民家庭，是一個樸實的農家子弟，他的童年和其他美國中西部農村的男孩子並沒有什麼不同，他幫父母幹雜事、擠牛奶，即使貧窮也不以為意。這或許是因為他根本不覺得自己家裡很貧窮。

在那個沒有農業機械的年代，他和父親同樣做著那些繁重的體力活，而一年的辛勞卻可能因為一場水災而付諸東流，或者被驕陽曬枯了，或者餵了蝗蟲。

卡內基眼見父親因為這些永無終止的操勞而備受折磨，發誓絕不拿自己的一生來和天氣賭每年收成到底是如何！

如果說卡內基的童年和其他農村男孩子有什麼不同的話，那主要是受到他母親的強烈影響。她是一名虔誠的教徒，在嫁給卡內基的父親之前曾當過教員。她鼓勵卡內基接受教育，她的夢想是讓兒子將來當一名傳教士或教師。

一九〇四年，卡內基高中畢業後就讀於密蘇里州華倫斯堡州立師範學院。他雖然得到全額獎學金，但由於家境的貧困，他還必須參加各種工作，以賺取必要的生活費用。

這使他感到羞恥，養成了一種自卑的心理。因而，他想尋求出人頭地的捷徑。

在學校裡，具有特殊影響和名望的人，一類是棒球球員，一類是那些辯論和演講獲勝的人。他知道自己沒有運動員的才華，就決心在演講比賽上獲勝。他花了幾個月的時間練習演講，但一次又一次地失敗了。失敗帶給他的失望和灰心，甚至使他想到自殺。然而在第二年裡，他開始獲勝了。

當時，他的目標是得到學位和教員資格證書，好在家鄉的學校教書。但是，卡內基畢業後並沒有去教書。他前往國際函授學校總部所在地丹佛市，為該校做推銷員，薪水是一天兩美元，這筆收入可以支付他的房租和膳食，此外還有推銷的佣金。

儘管卡內基盡了最大的努力，但是並不太成功，於是又改而推銷肉類產品。為了這份工作，他一路上免費為一個牧場主人的馬匹餵水、餵食，搭這人的便車來到了奧馬哈市，當上了推銷員，週薪為十七點三一美元，比他父親一年的收入還要高。

雖然卡內基的推銷幹得很成功，成績由他那個區域內的第廿五名躍升為第一名，但他拒絕升任經理，而是帶著積攢下來的錢來到紐約，當了一名演員。

作為演員，卡內基唯一的演出是在話劇《馬戲團的包莉》中擔任一個角色。在這次話劇旅行演出一年之後，卡內基斷定自己走戲劇這行沒有前途，於是他又改回推銷的老本行，為一家汽車公司推銷汽車和卡車。

但做推銷員並不是卡內基的理想。在他從事汽車推銷時，他對自己的能力很懷疑。有一天，一位老者想買車，卡內基又背誦了那套「車經」。老者淡淡地說：「無所謂，我還走得動，開車只不過是嘗新罷了，因為我年輕時曾夢想成為汽車設計師，那時還沒有汽車呢。」

老者的一番話，吸引了卡內基。他詳細地和老者聊起自己在公司的情況，後來他們的談話又轉到了人生的話題。卡內基講述了自己最近的煩惱：「那天凌晨，對看一盞孤燈，我對自己說：『我在做什麼，我的夢想是什麼，如果我想要成為作家，那為什麼不從事寫作呢？』您認為我的看法對嗎？」

「好孩子，非常棒！」老者的臉上露出輕鬆的笑容，繼而說：「你為什麼要為一個你不關心又不能付你高薪的公司賣命呢？你不是想賺大錢嗎？寫作，在今天也是個不錯的選擇呀！」

「不，老先生，放棄工作是不可能的，除非我有別的事可做。但是我能做什麼呢？我有什麼能力能讓自己滿意地賺錢和生活呢？」卡內基問。

老者說：「你的職業應該是能使你感興趣並發揮才能的，既然寫作很適合你，為什麼不試一試？」

這一句話讓卡內基茅塞頓開。那份埋藏在胸中奔湧已久的寫作激情，被老者的幾句話給激發了。於是，從那天起，卡內基決定換一種生活。他要當一位受人尊敬、受人愛戴的偉大作家。

一個偶然的機會，卡內基發現自己所在城市的青年會（ＹＭＣＡ）在招聘一名講授商務技巧的夜大老師，於是他前去應聘，並且被錄用了。

卡內基的公開演說課程，不僅包括了演說的歷史，還有演說的原理知識。除此之外，他還發明了一種獨特而非常有效的教學方式。

當他第一次為學員上課時，就直接點名讓學員談他們自己，向大家講述他們日常生活中發生的事。當一個學員說完以後，另一個學員接著站起來說，然後再讓其他學員站起來說。這樣，直到班上每一個學員都發表過簡短的談話。

卡內基後來說：「在不知道究竟該怎麼辦的情況下，我誤打誤撞，找到了幫助學員克服恐懼的最佳方法。」從此以後，卡內基這種鼓勵所有學員共同參與的教學方法，成為激發學員興趣和確保學員出席的最有效方法。雖然這種方法在當時尚無先例，也沒有什麼方法可以評定他這套方法的效果，但它確實奏效了，並且在全世界教出了許多更會說話且更有信心的人。

這一哲理的成功，可以從成千上萬名畢業學員寫來的信中得到證明。寫這些信的學員有工廠工人、家庭主婦、政界人士、公司負責人、教師及傳教士，他們的職業遍及了各行各業。

卡內基於一九五五年十一月一日去世，只差幾個星期便六十七歲。追悼會在森林山舉行，被葬在密蘇里州他父母親墓地的附近。

一九五五年十一月三日，華盛頓一家報紙刊載了下面這段文字——

「那些憤世嫉俗的人過去常常揣測，如果每個人都接受並且遵照卡內基的話語去做，那將會成什麼局面？卡內基先生在星期二去世了，他從來不屑於這些世故者的風涼話。他知道自己所做的事，而且做得極好。他在自己的書中和課程上，努力教導一般人克服無能的感覺，學會如何講話、如何為人處世。

「千百萬人受到他的影響，他的這些哲理如文明一樣古老，如『十誡』一般簡明，對於人們在這個狂亂的年代裡獲得快樂和成就極有幫助。」

卡內基

Dale Carnegie

目錄

Contents

第三部 大企業家

第四部 文學巨擘

卡內基 Dale Carnegie

[目錄 Contents]

經典新版

卡內基

五分鐘名人秘史

第六部 藝術奇才

第七部 探險家

前言

名人告訴我們的事

環顧我們這個世界，所謂的人生實在是很微妙的。

例如——

有人因為拾獲一張小紙片，而成為美國大出版家。

有人原本是石材店的小學徒，後來竟成為美國第一流的空軍飛行員。

有人曾因一時大意而喪失工作，後來卻建造出史無前例的摩天大樓。

有人雖是出生於貴族，卻因捨棄家產，而暴斃在街頭。

——以上種種情形不勝枚舉，更說明了人生的變化無常。

本書以簡短生動的方式，為您介紹人生百態，最可貴的是，它僅以五分鐘的閱讀時間，介紹每一位名人的生平。

本書雖是一本「人物傳」，但並不是以傳主經歷介紹之類的書籍，也就是從各行各業的知名人士中，摘取其特徵，在五分鐘內，以簡潔而明確的方式，來敘述其生平遭遇。其中的人物包括有企業家、學者、思想家、記者、運動員、冒險家、探險家、名女人、社會改革者、作家、音樂家等等。雖然他們不完全是完美的偶像，卻可以傳達許多人生的啟示給我們。

閱讀這些傑出人物的事蹟時，很自然地會提到「不屈不撓的意志」與「堅決的信念」等理念，但作者絕對沒有強迫灌輸的意味，只是很自然地描寫人生的百態而已。因此，由於不具說教意味，所以讓人能很愉快地閱讀！

二十世紀三〇年代，戴爾．卡內基受邀美國哥倫比亞廣播公司做一個講述世界名人的傳奇人生故事的節目。哥倫比亞廣播公司一開始並不看好這個臨時性的娛樂節目，最初只設計了每次五分鐘的播出時間。出乎所有人意料的是，節目播出之後，竟然受到美國民眾近乎狂熱的歡迎。哥倫比亞廣播公司於是一改初衷，將它做成一個金牌節目。

後來，這些播音稿，按照所述人物的類別組織篇章，付梓發行，成為一部流傳廣泛並影響深遠的傳記作品。

在書中，卡內基透過這些名人的經歷，從不同的角度和層面，通過不同的時空置換，以極具說服力和感染力的語言，闡述積極思想所創造的奇蹟。他的學識極其淵博，對於人性的觀察，尤其深刻入微，故其著作所談，均為人性問題，從人出發，以人為本。書中寫到的愛因斯坦、甘地、邱吉爾、哥倫布、莎士比亞、迪士尼、海倫・凱勒等世界名人的奮鬥精神經由卡內基的精彩描述，更具深意。

本書主要是從卡內基的《五分鐘人物傳》、《傳記集成》、《名人秘史》等三冊中精選代表性的人物結集成書的。因此，對讀者而言，是非常廣泛的接觸各行各業的傑出人士。也盼望大家能從書中發現人生的光明面……

第一部　科學巨匠

- 相對論大師——愛因斯坦
- 傑出女科學家——居禮夫人
- 發明之王——愛迪生
- 無線電之父——馬可尼
- 飛機的發明者——萊特兄弟
- 名醫仁醫——葛林費爾

1 相對論大師——愛因斯坦

當他小的時候，所有人都懷疑他是個智商低於一般孩子的低能兒，其中甚至包括他的父母……

幾年前的一天，我和幾個朋友一起在德國南部一個小城市的街道上散步，與我同行的一位朋友突然停了下來，用手指著一間雜貨店樓上的窗戶說道：「看！你看見那邊的那座小房子了嗎？愛因斯坦就出生在那裡。」

就在那天下午，我去拜訪了愛因斯坦的叔父，但令我深感失望的是，他並沒有告訴我有關愛因斯坦任何不同於常人的地方。相反，他卻興奮地對我講了許多愛因斯坦小時候的愚蠢，例如，舉止遲鈍而害羞，說話結巴，他的父母擔心他的智力不及常人，連學校的教師也對他很失望，認為他沒法教育。可是，誰又能想到這麼一個「愚蠢笨拙」的孩子，後來竟被全世界公認為當代最傑出的科學家、古往今來最偉大的思想家之一呢？

幾年前，愛因斯坦忽然發現自己成了萬眾矚目的焦點，他不禁大吃一驚，連自己都不敢相信，一個數學教授居然成了全球五大洲各大新聞媒體上的頭版頭條人物。他，一個科學家，居然能享有如此高的榮譽，同時也是一九二一年的諾貝爾獎物理獎得主。

愛因斯坦本人幾乎與他的相對論一樣奇特。「大多數人所孜孜以求的事情，追名逐利、過優裕體面的生活他都一概嗤之以鼻。」例如，有一次，一艘橫渡大西洋的輪船船長邀請愛因斯坦住在船上最考究、最昂貴的一套房間中，沒想到這一邀請卻被愛因斯坦斷然拒絕了。愛因斯坦說，他寧願去坐三等客艙，也不願享受特別的恩惠。

德國當局為了表示對愛因斯坦的崇敬和愛戴，在他五十歲生日時，特意在波茨坦城為他建造了一座半身銅像，並贈送給他一套精緻的住宅和一艘小遊艇。

可是，愛因斯坦的遭遇卻很不幸，希特勒上台後，他迫不得已，只得亡命海外，有一段時間住在比利時。他的財產全部被沒收，他的家門也被上了鎖，還有一位警探每夜睡在他的床邊——這一切都只因為他是個猶太人。

不久，愛因斯坦應普林斯頓大學研究所之邀，前往美國任教。到達紐約時，他極力躲避報社記者和其他媒體的採訪。在他乘坐的輪船停靠碼頭之前，他的朋友就把他秘密地護送下船，隨即他們就上了汽車，疾馳而去。

雖然市面上試圖解釋「相對論」的書籍多達九百多種，愛因斯坦卻說，世界上只有十二個人真正懂得他的相對論。

愛因斯坦曾用過一個簡明而有趣的例子，解釋他的「相對論」：當一個美麗的姑娘陪著你對坐一個小時的時候，你會感覺似乎只有一分鐘；但如果你在火爐上坐一分鐘的話，你會覺得有一個小時那麼久。初聽起來，好像很不可思議，但這就是相對性。其實，讓我們實驗一次就顯而易現了，誰都願意和美人面對而坐，而不願意坐在火爐上。

愛因斯坦一生結過兩次婚，第一任太太還替他生了兩個聰明的孩子。愛因斯坦夫人承認，雖然她對相對論一點都不了解，但是她卻知道對一個妻子來說，更為重要的是她了解自己的丈夫。

她會不時地邀請她的朋友們到自己家裡來喝茶、聊天。往往在這時候，她就會要求自己的這位教授丈夫到樓下去參加他們的聚會。

「不行！」愛因斯坦往往會這樣粗暴地叫道：「不行！我不去！我得馬上離開這裡，在這裡我實在沒有辦法工作，我忍受不了這些打擾了。」

在這時候，愛因斯坦夫人往往會保持絕對的沉默，一直等到他發完脾氣之後，巧妙地運用一點「外交手腕」，就能立即把他帶到樓下來喝茶，使他得到必要的休息。

據愛因斯坦夫人說，她的先生在思想上是很願意遵守秩序的，但在日常生活上，他倒願意「隨便」而不想受到任何約束，他往往是隨心所欲。他給自己訂了兩條規則：一條是不要任何規則，而另一條就是不受其他人意見的支配。

愛因斯坦的日常生活非常簡單。他平時總是穿一套不算整齊的舊衣服，很多時候都不戴帽子，常常吹著口哨或哼著歌曲洗澡。雖然他打算解決複雜的「宇宙之謎」，但他同時也認為不應該將人生的享受搞得過分複雜。因此，他在洗澡後刮鬍子時，總是用洗澡肥皂而不用刮面香皂。他認為用兩種肥皂太浪費了。

愛因斯坦是一個很快樂的人。在我看來，他的快樂哲學甚至比他的相對論更有意義。我認為愛因斯坦擁有一種很優美的人生哲學。

愛因斯坦曾說：「我的幸福是——從不期望從任何人身上得到什麼好處！」

他不企求什麼金錢、頭銜或者讚頌。他能從一些簡單的事情，比如他的工作、拉小提琴和划船中，找到屬於他自己的快樂。

愛因斯坦的奇聞軼事很多。例如，有一天他在柏林市的公共汽車上和售票員爭吵起來，因為他認為對方將零錢找錯了。於是售票員把錢重數了一遍，當售票員證明這是愛因斯坦數錯了之後，又把零錢交還給他，並說了一句嘲諷的幽默話：「這一次的錯誤，是因為先生您不會數錢。」你看，這全世界公認的數學天才竟然不會數零錢……

2傑出女科學家——居禮夫人

這位羞怯靦腆的女子之所以舉世聞名，是因為她發現了新元素「鐳」

能在人類歷史上留下光輝形象的女性人物屈指可數，居禮夫人就是其中傑出的一位！她出生於波蘭，是一個羞怯、靦腆的女孩子，由於發現了新元素「鐳」，而一舉成為聞名世界的科學家。

時至今日，人類仍未停止過與癌症搏鬥，而鐳的發現，卻為人類征服這一頑症做出了非常大的貢獻——鐳可以治療無法醫治的癌症，可以破壞病變的細胞，可以治療多種毒瘤和癌腫。

她在巴黎大學攻讀物理和數學時孑然一身，一貧如洗，甚至因為飢餓過度和不會照顧自己暈倒過多次，這對一名女性來說是一件令人不可思議的事情。五十二年後，一家電影公司投下巨資將她的生平搬上銀幕，那部影片讓無數人深受感動。

就是這位羞怯的女子，以自己的巾幗之軀在自然科學的王國裡過關斬將，她一生中得到兩個諾貝爾獎（一九〇三年的物理獎以及一九一一年的化學獎）。

十九歲時，她在故鄉波蘭的一個貴族家裡做家庭教師。那年聖誕節的前夕，這家在外地讀大學的長子回家度假，他和住在他家裡的家庭教師一起跳舞、滑冰。她的美麗、端莊以及充滿智慧的典雅氣質，令他深深地愛上了她，以至於後來他正式向她求婚。得知這個消息後，他的母親幾乎氣絕而死，他的父親也大發雷霆：「什麼?我們家的兒子竟然向一個一文不名的女孩求婚!簡直是荒唐之極!」

當愛情之花正在這兩個浪漫的青年之間開始綻放的時候，殘酷的世俗偏見無情地把它給扼殺了，這對於居禮夫人來說無疑是迎面一擊。於是，她毅然離開了這個讓她傷心的地方，隻身前往巴黎求學，並決定把自己的一生奉獻給科學事業。

為了節省那些有限的珍貴煤炭，在冬夜裡，她捨不得用火爐取暖，常常凍得手指不聽使喚，身體也拚命地發抖，但她在如此艱苦的環境中仍然孜孜不倦地研究數學。睡覺時，她把毛巾、床單、枕頭套、外套等一股腦兒拿來蓋在身上取暖，但即使如此仍然無法擋住陣陣寒意。有時候，她甚至把椅子壓在身上，以減輕寒冷所帶給她的肉體痛楚，這的確是一場艱苦卓絕的戰鬥。

你也可以想像她在飲食方面的窘境。她不僅沒有錢買飯吃，而且還怕做飯會浪費她寶貴的時間。因此，她往往會接連幾個星期用塗了奶油的麵包充飢，外加一點紅茶果腹。有時她由於過度的飢餓，以至於神志不清地倒在床上失去了知覺。

有一次，她在課堂上昏了過去，當她恢復意識後向醫師坦白道：「事實上，我已經有好幾天只靠少數的櫻桃和蘿蔔來充飢了……」

到巴黎三年後，瑪麗亞結婚了。她的丈夫與她情投意合，非常匹配——他和她一樣致力於科學研究，他就是比埃爾·居禮，雖然他才三十五歲，但已經是法國一流的科學家了。兩人結婚時，財產只有兩輛自行車，他們所謂的「度蜜月」，事實上就是並肩騎著自行車，到法國鄉下瀏覽風光。中餐僅以麵包、乳酪和水果充飢，晚上則投宿於簡陋的旅社。

三年後，居禮夫人著手準備博士論文，她決定把新發現的問題，當做自己的主題——《鈾，為何能放出輻射線？》就是她的論文題目，她開始向神秘的化學國度進軍。她測試了幾乎所有的化學物質和上百種金屬，研究是否有某種金屬能夠放射出不可思議的放射線。

最後，她終於發現一種未知的新元素，能夠發出強而有力的射線。居禮為了幫助妻子研究這種新元素，停止了自己的實驗，而與她併肩奮戰。

夫妻倆反覆試驗了數月之後，向學術界發表了他們研究的最新成果：他們發現了一種放射性能比鈾強二百萬倍的金屬，這種金屬發出的射線能夠把木材、石頭甚至鋼鐵穿透。只有厚鉛板才能擋住這種放射線。如果這個發現成為事實，那個幾個世紀以來科學界的基礎理論將被徹底推翻。居禮夫人將這個放射性金屬命名為「鐳」。

但是，鐳的本質和所有的金屬完全不同，按照常理鐳金屬是不可能存在的。因此，學術界對他們的研究提出質疑，並且要求他們出示確當的證據來證明這一金屬的存在，要求他們提煉出純粹的鐳，並將其原子量測定出來。

從一八九八年到一九〇二年間，居禮夫婦將這四年時間都花在證明鐳的存在。在經過四年艱苦的實驗後，他們終於得到了十分之一克的鐳，它的體積只有半顆方糖那麼大。

這「半顆糖」是如何提煉而成的呢？這個只有半顆糖大小的鐳，是從重達八噸的礦石中提煉出來的。他們的實驗室就是那破舊不堪、早就廢棄了的舊倉庫，那裡連塊床板都沒有，一到下雨天屋頂還會漏水，屋裡雖有一個破舊的火爐，卻不能用，因此屋內和屋外幾乎一樣寒冷。他們就在這樣的倉庫裡提煉礦石。化學藥品冒出來的濃煙燻壞了眼睛，也使得他們的喉嚨因感染而時時作痛。

居禮夫婦就是在這個陰暗的倉庫中，堅持作了四年的實驗。

最後，她的丈夫失望地說：「等到時機成熟時再做吧！」但是妻子不肯停止實驗，她堅持不懈地進行下去，在妻子的一再堅持之下，他們終於成功地提煉出了十分之一克的鐳。

居禮夫人因這一成果一下子成為全世界最傑出、最有名的女性。但是，得到榮譽的時刻，是她一生中最幸福的時刻嗎？「不，錯了。」她說，「**在家徒四**

壁，連塊床板也沒有，一面為貧窮所逼迫，一面潛心研究時——那才是最幸福的時刻。」

一九〇二年，居禮夫婦做出了自己偉大的選擇——大家都知道，鐳是治療癌症不可或缺的物質。鐳的需要量肯定會逐漸增加，而只有居禮夫婦才知道它的製造法。因此，如果得到了鐳的專利，那麼，無論世界哪個地方要生產鐳，她都可以得到報償。而這樣一來，就可以改善全家的經濟狀況，自己也不必再像以前那樣辛苦地工作了。藉此還可以為自己建一個高端實驗室，以便從事更進一步的研究。

那麼，居禮夫人又是怎樣做的呢?她沒有因為發現鐳，而接受過哪怕是一便士。「可以這麼做嗎?」她說，「如果那樣做的話，就違背了科學精神。它是用來治療疾病的。」**居禮夫人做人的原則就是：不做百萬富豪，而寧願過樸素的生活；不願無所事事地生活，而選擇奉獻地生活。**

3 發明之王——愛迪生

他在班上的成績永遠是倒數第一，以至於老師和醫生都以為他的腦子有毛病，但後來他卻因為各種發明與創造，而享譽世界

據熟悉愛迪生的人說，他一生只接受了三個月的學校教育，而在此之後，完全在家中接受母親的教育。他的母親實在是一個了不起的人，誰會想到她竟能夠把許多人都認為不堪造就的兒子，教育成一代偉大的發明家呢！

愛迪生幼年時的記憶力極壞，但毋庸置疑的是，他對於今天科學界做出了劃時代的貢獻。愛迪生究竟健忘到了何種地步呢？這裡有一個小故事：

有一天，他到法院去納稅，當時他正為某個科學上的問題而苦苦思考。由於那天交稅的人非常多，他只得排著長隊等候。他等了很久，結果等到輪到他的時候，別人問他叫什麼名字時，他一時間竟愣在那裡，竟然想不起自己的名字了！他旁邊的一個人，看見他那副狼狽的樣子，便提醒他，他才想起自己的名字叫愛迪生。後來他對人說起這件事時，說他當時簡直有好幾秒鐘想不出自己的名字來，縱然這是他一輩子的代表符號。

還有一次，愛迪生通宵達旦地在他的實驗室裡工作了一晚，早晨當他正在等候僕人給他送早餐的時候，因為太疲倦了，他竟然趴在桌子上睡著了。他的一個助手剛剛吃完火腿，正覺得非常愜意，便想與他開個玩笑，於是，他就把自己吃完的空盤子擺在愛迪生面前的台子上。

愛迪生醒了，他揉揉眼睛，低頭注視著桌上的麵包屑、空盤子和空咖啡杯，然後想了一會兒，最終他得出結論，認為自己在小睡之前一定已經吃過早餐了。於是，他便推開桌子，像往常一樣起身點燃一支雪茄抽了起來，然後繼續投入工作，絲毫不知道這件事情的真相，直到他的助手們哄堂大笑起來，他才恍然大悟。

如果你的記憶力和我一樣壞，你儘可以放心，這不是什麼大不了的事情。因為達文西算得上是人類歷史上最著名的畫家了，而他的記性卻非常差，什麼東西都記不住，除非把它用筆記下來。而且，即使用筆記了下來，他又往往記不起自己把它放在哪裡了。所以，我認為**記憶好壞並不影響你的事業，也決定不了你的成就，愛迪生便是一個極好的例證。**

4 無線電之父——馬可尼

不久以前，我很幸運地和一個人聊了一個小時，正是此人使我們周圍的生活發生了巨大的變化，他改變了我們所居住的世界。就是他使我們能夠在七分之一秒內接收到全世界各地的各種信息。他還能夠使你坐在家中，只需要毫不費力地調一下你收音機上的指針，便可聽到總統在白宮發表的演講，或者欣賞某一個著名的管弦樂隊演奏迷人的《藍色多瑙河》——此人就是馬可尼

我們常常以為馬可尼是一名義大利人，其實，只有他的父親是義大利人，他的母親是愛爾蘭人，而她的家則在倫敦。他的愛爾蘭血統給了他灰白色的頭髮和蔚藍色的眼睛，這使他看上去更像英國人而不像義大利人。他能說一口非常流利的英語，不過略微帶一點倫敦口音。他左眼戴著一個英國式的單眼鏡——他的右眼不幸在二十年前的一次交通事故中失明了。

我一見這位偉人，就覺得他和藹可親，說話誠懇，而且態度非常謙虛，使我幾乎覺得自己不是坐在一位世界偉人面前。記得我還是個孩子的時候，就曾讀過一

則消息，說義大利發明了無線電報，後來有一天，我和羅維爾・湯瑪斯在倫敦一家飯店裡，才第一次看見這種新奇的東西，誰知創造這一奇蹟的偉人，此刻就坐在我的面前，這一切真是恍然如夢。

我們談話開始的形式很奇特。我先問他為什麼會對無線電研究感興趣，而他繞了一個大圈子回答我：他起初說自己年輕時，願意找一種可以使他有機會環遊世界的工作。接著，他告訴我，他時常陪母親一同外出旅行，如從義大利到倫敦去探親訪友。每一次途經法國，看到冰雪覆蓋的高山，或者是波濤洶湧的大河、富有詩意的田園時，就增加了他對於旅行的興趣。

最後，馬可尼告訴我，只有繼續努力研究無線電，他或許才有機會到更遠的地方去旅行。他不願意被關在屋子裡工作，因此他的工作幾乎全都是在旅途中完成的。他說他已經橫渡大西洋八十七次了。

當他還很年輕的時候，就能夠通過他自己家裡的房間傳達無電線信號。最後，他居然可以把信號傳送到兩英里以外的地方，這使他興奮不已，而他的父親則說他是在浪費時間。但是在幾年以後，當他將幾種發明的特許專利權以廿五萬元賣給英國政府時，他父親才相信自己的兒子其實並不是像他想像的那樣在浪費時間。

我問過當時已是參議員的馬可尼，當他得到那廿五萬元巨款時，都用來做了些什麼。他說，他跑出去買了一輛腳踏車，然後又跑回來繼續工作。**對他而言，對**

實驗的熱情，遠比金錢所能購買得到的任何東西，都更富於誘惑力。

一九〇一年，馬可尼認為實現他宏偉計劃的時機已經成熟了，於是他迫不及待地渡過大西洋，十分自信地期待一次更大的成功——他希望能在大西洋彼岸的美國接收到從英國所發出的電報。

他在紐芬蘭登岸後，先放起一只用絲竹做成的飛機形狀的風箏，但卻被大風撕裂了。他又放起一個氣球，也被大風刮到海裡去了。最後，他放起一只做工很結實的風箏，風箏終於飄上了天空。他屏息凝氣地聽了好幾個小時，急切地盼望能得到從英國拍來的訊號。但他漸漸地失望了，因為他根本沒有收到一點聲音。他開始灰心喪氣，認為實驗已經失敗，計劃顯然已經沒有希望實現了。

就在他萬念俱灰的時候，忽然聽見了一點微弱的嘀嗒聲。然後接著又一聲，是的！那就是！那就是他們事先商量好了的那種信號。代表字母S的三點正是發報員所使用的；馬可尼不禁欣喜萬分，他知道自己這次成功有著劃時代的重要意義。他很想跑到外面，站在屋頂上向全世界喊出這一激動人心的消息。然而，他並沒有這樣做，他怕人們不相信他，所以他一直將這一秘密保守了四十八小時之久，沒有告訴任何人。

後來，他鼓起勇氣將這件事情的經過拍了十個電報傳回了倫敦，這一件事立即引起轟動，全世界的各大報紙都爭相披露了這一偉大的新聞，科學界的人士大為振奮。人類再一次戰勝了時間和空間，在人類的眼前又展現出一個新的時代。無線電報產生了，它注定要為你我改造周圍的這個世界做出巨大的貢獻。

馬可尼發明無線電後，遭受了許多嚴厲的反對和攻擊。許多無中生有的幻想家給馬可尼寫信責備他，甚至警告他不應該發明無線電，因為他們認為電波會經過他們的身體，這樣將會毀壞他們的神經，對他們的身體健康造成損害，甚至會影響他們的睡眠。

還有一個法國人給馬可尼寫信，聲稱為了保障人類的安全，他決定要「刺殺」馬可尼，並說他已從法國起程趕到英國。馬可尼連忙將這封信交給蘇格蘭警察局。英國政府接到蘇格蘭警察局的報告後，馬上採取了相應的措施，宣布拒絕這個法國人上岸，馬可尼的生命安全才得以維護。

5 飛機的發明者——萊特兄弟

他們的父親說：「這兩個孩子不能同時供養一個妻子和一架飛機，於是，他們選擇了飛機，而放棄了娶妻生子。」

三十多年以前，在美國俄亥俄州發生了一件在當時看起來很小的事。但是，現在我們知道這件事對我們的生活影響很大，而且對於你們的孩子和你們孩子的孩子的生活，都將發生強有力的影響。

就在那具有重大意義的一天，奧維爾．萊特走進了俄亥俄州代頓的一家圖書館拿起了一本書。這本書講述的是一位名叫顎圖．李連塔爾的德國航空工程師坐在一架滑翔機（一種特製的大風箏）裡飛上天的故事。雖然可以肯定的是，李連塔爾並沒有使用引擎，但是他確實飛了起來。

那天晚上，奧維爾．萊特獨自思考著這個有趣而驚奇的故事，直到半夜仍然無法入睡。第二天，他把這件事告訴了他的哥哥韋伯，沒想到立即就得到了哥哥的支持和熱忱贊助，於是他們就開始秘密地研究起飛機來，並且終於完成了這個最大膽的設想，從而使他們兄弟倆的名字永載史冊。

他們兄弟倆並沒有特別接受過高等教育，但他們成功了，他們靠的就是兩樣東西——毅力和熱情。

他們在孩提時代就跑到鄉間撿死馬死牛的骨頭，將這些東西賣給肥料製造廠。他們也曾撿過破銅爛鐵，賣給收購舊金屬的人。當他們年齡稍大些後，合作辦過印刷廠，發行過周報，也開過一家修理自行車的小店。總之，無論是做什麼，他們都在夢想著製造飛機，每逢星期天休息時，他們就仰臥在太陽照耀的山腳下，察看在天空飛翔的各種鳥兒的姿勢。

他們在自己的自行車店安裝了一架風車，開始試驗兩翼上所承受的空氣重量。他們還時常玩風箏，他們製造了一只大風箏（或者說滑翔機），並將它拿到北卡羅來納州的貓頭鷹村的殲魔山上放飛。他們之所以把放飛地點選在那裡，是因為在那裡常常有強烈的帶著鹽味的海風颳過，地面也鋪滿了波浪般柔軟的細沙。

他們前後有好幾年，一直都在試驗這種滑翔機。後來，他們在一只滑翔機上安裝了一個自製的引擎，將它改造成一架飛機。

一九〇三年十二月十七日，他們完成了人類歷史上的第一次飛行，這是一個將永遠為人們所紀念的日子。他們將一枚銀幣拋到空中，根據它落下的正反面來決定誰先試飛。大家都抬頭仰望著空中的銀幣，最後奧維爾獲得了這次機會。

這一天，天氣寒冷，天色陰沉，溫度幾乎降到了攝氏零度以下，在一旁看他們飛行的五個人，都不住地跳動來取暖，可是他們倆卻連外衣也沒有穿，以免給「飛機」增加重量。

奧維爾．萊特登上「飛機」，啟動發動機起飛的時刻正好是十點三十五分，這神奇的東西竟然真的飛上了天空，還從排氣管裡冒出白煙，在空中搖搖晃晃地停留了十二秒鐘，然後降落在離起飛點一百英尺的地方。這真是一件偉大的事——人類的夢想實現了，這是人類第一次像飛鳥翱翔在空中，這真是世界文明發展的一大進步啊！

然而，奧維爾．萊特說他並沒有感到特別的激動。他說他只不過盼望那個修好的機器能夠轉動起來，而結果它真的轉動了，僅此而已。他說他對於飛行並不是很在意，**飛行之所以能讓他感到激動，是因為小時候有一天晚上半夜醒來躺在床上，夢想著自己要是能飛該有多好。**

而接下來，這件事情就更為奇怪了：奧維爾．萊特，這個最先試飛成功的人，到現在為止連飛行執照都沒有。自一九一八年以來，他便再也沒有上過飛機。

奧維爾是個內向的人，他討厭誇大其辭，所以他既沒有寫自傳，也不願接見新聞記者，甚至連照相也不喜歡。他的哥哥韋伯最了解他，曾說過這樣的話：「**鸚鵡雖然是鳥類中最善於說話的，但卻不能飛得很高很遠！**」

最可惜的是，韋伯在一九一二年就去世了，這對奧維爾來說，無疑缺失了一個得力的助手。

韋伯也是一個不貪慕虛榮的人。有一次，他從口袋裡掏手帕時，卻掏出了一條紅絲帶，直到他姐姐一再問他，他才毫不在意地說：「哦！我忘了告訴你了，這是今天下午法國政府頒發給我的榮譽獎章。」

奧維爾和韋伯嚴格遵守一種舊式的宗教戒律，不肯在一個星期的安息日飛行。有一次，西班牙皇帝讓他們在一個星期天帶他去飛行，但他們堅持自己的教條，拒絕了皇帝的這一命令。

萊特兄弟兩人都沒有結過婚。對此他們的父親這樣解釋道：「這兩個孩子不能同時供養妻子和飛機，於是，他們都選擇了飛機而放棄了娶妻生子。」

6 名醫仁醫——葛林費爾

葛林費爾是拉伯利多地區的一代名醫。他整天在寒風之中往返，在冰雪中行進，常年的奔波使他的雙手變得非常粗糙。他曾遇到過四次冰山撞船的危險，也曾整夜睡在浮冰上，還有一次幾乎被凍死在拉伯利多的荒野。又有一次，他實在是餓到了極點，於是便割開了由海豹皮做成的皮靴來吃。他終生沒有一點兒積蓄，可他卻是世界上最快樂的人之一

葛林費爾畢業於牛津大學，後來在倫敦貴族居住區設立診所施診，由於他的醫術精湛，漸漸有了名聲，成為倫敦的名醫之一，但他並不因此而驕傲自滿。他覺得自己需要休息與修養，於是，決定到拉伯利多去度假。

拉伯利多是一個嚴寒荒涼的地區，每年有九個月以上都被冰雪所覆蓋，直到七月還沒有解凍。讓葛林費爾醫生感到驚訝和不安的是，生活在這荒涼海岸邊的漁民如果不幸患病的話，他們就只好「聽天由命」了，因為這裡連一個醫生也沒有。

他竭盡全力為漁民們服務了整個夏季。然後，照原訂定的計劃，在秋天時返

回倫敦。但**他已厭惡替那些富有的人開藥方的生活，不願意再像以前一樣敷衍下去，他甚至輕視所謂名醫的聲譽。他知道，北方需要他**，於是，他又返回了拉伯利多。他不畏勞苦地在那裡服務了四十五年，全世界都知道他是一位慈愛的名醫，英皇喬治也欽慕他，封他為爵士，對他那忘我的精神與壯烈的事蹟進行褒獎。

我曾拜訪過葛林費爾醫生，他對我講述了許多不平凡的事：有一次，他為一位不幸被冰塊砸斷腿的老婦人看病，因為病菌已經侵入骨頭，為了保住性命，不得不割去她的大腿。這位老婦人虔誠地信守舊約的戒律，認為這是上帝要她遭受一點痛苦，因此她就應該忍受，這樣才不愧為基督的信徒。

葛林費爾醫生非常慈愛善良，所以認識他的人沒有一個不喜歡他。人們為了感謝他，常常有人會送禮物給他。甚至有一次，他還收到了一雙漁人捕鱉時所穿的大短腳靴，也有人送過他一件紅色的獵衣和一頂絲質的帽子。他還收到過一件極為珍貴的禮物，那是一本百年前出版的有關禮儀的書，但他為了讓漁民們可以自由閱讀，於是便將這本書拆開來，像壁報似的貼在牆上。

拉伯利多的漁民能夠吃苦耐勞，但他們也非常迷信。有一次，某個村子裡的居民接連幾個星期只吃麵和糖水混合的稀糊來充飢，因飢餓已經到了死亡的邊緣；可是，這村子有很多肥豬，但他們卻不敢宰來吃。據說，因為那群豬曾進教堂啃掉了一本《聖經》，他們認為這些豬已經變得神聖而充滿聖靈，因此無論如何都不能殺來吃。

在葛林費爾的一生中，有一幕最為悲壯偉大的事蹟。那是一九〇八年復活節的那一天，為了盡快拯救在六十英里外的一個瀕臨死亡的婦人，他急急忙忙地備好雪車，用了四隻狗來拉車。為了節省時間，他想抄近路越浮冰而過，沒想到風勢突變，浮冰隨著海浪飄去，四隻狗儘管努力向前衝，但仍舊無濟於事，結果都掉落到寒冷的海中。這時的形勢非常危急，葛林費爾醫生卻鎮靜自若。

他將隨身攜帶的利刃取出來，先將勒狗的繩子剪斷，使狗脫離雪車，讓牠們游到一塊浮冰上。可是在雪車沉落到海裡的時候，卻把他的毛衣也帶了下去。他身上的衣服已被冰水所浸，再也無法禦寒了。這時候，寒風刺骨，黑夜來臨了，他被凍得昏昏然幾乎失去了知覺，他知道這樣下去，自己將必死無疑。

他終於想出了一個迫不得已的方法。他抽出利刃，忍痛宰了三隻拖吊的狗，把牠們的屍體堆放在周圍禦寒，然後再剝下牠們的毛皮披在身上。他整夜臥在浮冰上，直到次日天明。第二天，他又用死狗的骨骼作船槳，想將浮冰划近海岸；儘管希望非常渺茫，但他仍堅持最後的奮鬥。

他在使用了各種想脫離險境的辦法之後，產生了一種錯覺。不，這不是錯覺，晨光下映出的船槳影子是真的，真的有船在海面駛過。葛林費爾奮力呼救，最終，他被船上的人成功地救起了。

「第二部　政治名人」

- 英國首相——邱吉爾
- 美國第26任總統——羅斯福
- 美國第28任總統——威爾遜
- 印度聖雄——甘地
- 奧匈皇太子——魯道夫
- 法界硬漢——丹諾
- 法學權威——霍姆茲
- 演講大王——傑克森・湯姆斯

1 英國首相——邱吉爾

大學入學考試曾經考過三次，就是這樣一個人，後來卻成了舉世聞名的大政治家，他就是英國首相邱吉爾

一八五七年，也就是南北戰爭爆發的前四年，美國經濟非常不景氣，然而就在這一年，一位名叫雷諾・傑魯姆的男子卻在紐約股市大賺了六百萬美元，對他本人來說，這當然是一件非常值得慶幸的事情。然而，誰也沒有料到，這件在當時完全個人化的事情，還會使人類歷史的過程發生一次重大轉機。

為什麼這麼說呢？因為，如果雷諾・傑魯姆沒有在股票上大賺這一筆錢，人類歷史上深怕就不會有溫士頓・邱吉爾了——邱吉爾是傑魯姆的外孫。

雷諾・傑魯姆將這六百萬的一部分用於購買《紐約時報》的股票，並用剩下的一部分在美國開設了兩座賽馬場。等他將這些事情辦妥之後，財富源源不斷流進他腰包。與此同時，他開始周遊世界，在英國貴族上流社會頻繁出入。他的女兒——珍妮・傑魯姆，以美國女性特有的魅力，與英國貴族藍道魯夫・邱吉爾相識並最終結為夫妻。一八七四年十一月三十日，在全英國歷史最悠久城市之一的布萊尼姆堡，溫士頓．邱吉爾誕生了。因而，溫士頓．邱吉爾有一半是美國人血統。

這位當代英國最卓越的軍事家、政治家，作為國際社會關注的焦點人物，他運籌帷幄，手握大權，左右世界走向三分之一世紀。一九一一年他以文官的身分擔任英國海軍大臣，身為英國海軍最高統帥之職。他不僅左右了一個國家的命運，而且對世界局勢也產生了舉足輕重的影響。

從小時候，邱吉爾就立志要成為一名軍人。他常常把自己的玩具像部隊一樣整齊地排列起來，玩與別人打仗的遊戲。後來，他從英格蘭赫斯特陸軍大學畢業後，在英國海軍服役多年。他還隸屬過班格爾槍騎兵連，在印度作戰；也曾跟隨基奇納將軍在蘇丹的沙漠裡與土著人交戰過。

一九〇〇年，他因一次勇猛果敢的行動震驚了世界，這次行動使得廿六歲的邱吉爾當選為國會議員。

事情的經過是這樣的：一八九九年南非爆發了布爾人戰役，邱吉爾被倫敦的Morning Post報社選派為駐前線的戰時通訊員，月薪為一千二百五十英鎊，相當於每天四十英鎊，這樣的待遇在當時是相當高的了。而他也不負眾望，充分發揮出他的傑出才能，成為英國歷史上前所未有的著名通訊員。

最有趣的是，他不只是報導前線的最新消息，他本人也常常成為新聞的重要來源。有一次，他為了獲取第一時間的新聞，冒著槍林彈雨深入敵後採訪，結果不小心成了布爾人的俘虜而被關進了監獄，然後他又從戰俘營中逃了出來。這些驚險刺激的事情都被前線的其他記者作為最新消息一一發回了英國。一時間，英勇無畏的邱吉爾的一舉一動，無時不牽動著國內所有人的心，人們為他歡喜為他憂愁。

布爾軍重金懸賞抓捕這位煩人的貴族之子邱吉爾，不論死活。與此同時，邱吉爾越過鐵路、翻過橋樑，一路狂奔了幾百英里，沿途到處都是敵軍的部隊，每走一步都有重重的危險。為了順利地逃過敵軍的搜查，他時而抄小路徒步潛逃，時而爬上貨運火車通過敵軍哨所；他曾露宿在森林、原野中，也曾在礦坑中苦度漫漫長夜；他還走過到處是陷阱的沼澤地。在經過非洲大草原時，經常有飢餓的禿鷹在他的頭頂盤旋，等待著他疲憊不堪地倒下的時候俯衝下去美餐一頓。

當這些驚險的經歷全都詳詳細細地刊登在他那遙遠的祖國的報紙上時，由於這類事情本身就具有很強的震撼力，再加上邱吉爾那生動的文筆、充滿懸念的結構，更是錦上添花，使他成為一名傳奇性的英雄記者。

一九〇〇年，他成了新聞界引人注目的焦點，全國人民爭相閱讀他的文章、關注他的一舉一動。不久，邱吉爾這位人們心中的民族英雄勝利凱旋回來了。當時，甚至還有人譜寫歌曲來頌揚他那偉大的功績，前來聆聽他有關這次經歷的演唱的聽眾真可以說是摩肩接踵，盛況空前。他得到了全國人民的擁戴，順理成章地當選為國會議員。

邱吉爾的座右銘是：「絕對不能在危險面前退縮逃跑！」

一九二一年，邱吉爾應邀到美國作巡迴演講，每晚的報酬是一千一百美元。然而，在他動身之前，倫敦的情報機關已經獲得了確切消息，英國境內一些地區仇視政府的極端分子組織了個「暗殺協會」，準備對邱吉爾實施暗殺行動，因為在他們眼裡，邱吉爾就是大英帝國的象徵。如果他這次前去美國，可能有被暗殺的危險。

邱吉爾雖然接到了倫敦警方的警告，但他仍舊若無其事地在美國各地巡迴演講。一次，當他來到美國西部的某個城市時，馬上就被告知潛伏在該市的幾名恐怖分子已經購買了當天晚上演講會的入場券。他的處境非常危險，該市的警察局長認為這件事非同小可，因此立即下令將那場演講取消，但是邱吉爾的經紀人路易斯小艾爾伯堅決拒絕了這一建議。

後來邱吉爾聽說此事後，曾經這樣說過：「**當危險向你逼近時，你絕對不能回頭逃避，否則危險將會倍增。相反，如果你能夠果敢地去面對危險，那麼危險就會減半。**」

邱吉爾不但不會在危險面前退縮逃跑，反而會主動地走向危險，這樣的例子在他的一生中屢見不鮮。在他就任海軍大臣時，英國海軍總共只有五十六架飛機，飛行員也寥寥無幾。那還是在萊特兄弟發明飛機八年後的一九一一年的情形，與飛機有關的各種技術都尚未成熟，當時的情況是飛機飛上天之後，誰也不能確定它會在什麼地方降落。駕駛飛機的風險性非常大。

儘管駕駛飛機非常危險，但邱吉爾還是多次不顧別人的反對，執意要親自駕駛飛機。結果，在他親自駕駛的過程中，還真有好幾次遇到了墜機事件，不過蒼天保佑，他每次都倖免於難。後來甚至英國政府都出面力勸邱吉爾停止這種冒險的飛行，但同樣被他堅決地拒絕了。他喜歡在高空飛行中那種凌空翱翔的感覺，無論如何也一定要親自去體驗其中的快樂。作為一個敏銳的戰略家，邱吉爾預言飛機的出現將會使日後的戰爭模式完全發生改變，事實上，可以說是他一手締造了英國的海軍航空隊。

邱吉爾還有一個非常明顯的特色，那就是比鋼鐵還要堅強的意志。這一點充分地表現在他對求學的態度上。他在學校的時候成績很不好，無論是拉丁語、希臘語、還是法語或是數學，他都沒有認真學過，平時也不怎麼愛唸書。他認為與其把大量時間花費在學外語上，還不如一心一意地把英文學好。

當然這在某種程度上說或許有一定的道理，但是並不是所有的人都這麼看。因為他根本不把外語和數學當一回事，結果他在預備軍校裡的成績常常是全班的倒數第一。說來也真是奇怪，這個討厭數學的青年，後來竟擔任了四年的財政部長，他全權主管大英帝國的財政。

邱吉爾曾經參加過四次赫斯特陸軍大學的入學考試，結果前三次全都名落孫山，一直到第四次才得以通過。但是等他從那個學校畢業後才發現，他在那裡並沒有學到什麼有用的東西。當時他廿二歲，是一名英軍駐印度士官。

在遙遠的印度，以前不怎麼好學的邱吉爾立下了豪邁的誓言：「從現在開始，我要好好自學，發奮讀書了。從今天起我要成為命運的主宰。」

於是，他給在英國的母親寫信，請她寄來地理、歷史、哲學、經濟等各方面的書籍。準備在大熱天的午後，趁學校的教官午睡之際，他專心地研讀了柏拉圖的哲學著作、吉朋的《羅馬帝國衰亡記》和莎士比亞的文學作品等。

這樣一直持續了好幾年，就在這幾年裡，他學會了明快、簡潔、有力的文體，這種風格在他的著作和演講中隨處可見。說到演講，他的音色並不是很好，而且他不能很好地控制現場。但是後來，他卻成了古今中外屈指可數的傑出演說家之一。

邱吉爾每天要工作十四到十七小時，有幾次他竟然連續七天七夜都沒有休息，他的秘書忙得焦頭爛額。他之所以能始終如一地保持如此旺盛的精力，其秘訣就是：在持續工作一段時間之後，適當地休息一會兒，最關鍵的是要在自己尚未完全疲倦的時候就休息，而不要等到自己非常累之後才開始休息。

他早上常常要到十點才起床，但在正式起床三個小時之前，就已經開始坐在床上工作了：嘴裡叼著雪茄、打電話、給秘書口述信件、還要閱讀報紙、各種報告以及海外來電，這樣工作三個小時後才起床，他喜歡用舊式的刮鬍刀刮鬍子。

他通常在下午一點進午餐，餐後休息一小時，然後再開始下午的日程安排。傍晚五點再度上床，這一次大約要休息三十分鐘左右，晚飯後經常要工作到深夜兩點。

邱吉爾將自己的演講內容以《酣睡中英國》（While England Slept）為題結集出版，在這本書裡他極有先見地預言當時世界上真正危險的人物是希特勒，他正準備發動戰爭。從一九三三年到一九三九年的六年間，他一有機會就向人們大聲疾德國正在進行重新武裝、他就會擊沉英國艦隊、攻擊英國本土、他們的野心是征服並統治全世界。

他有敏銳的判斷力，他已經預見到了未來戰爭發生的可能，他希望人們能相信他，人們能對好戰分子提高警惕。但是，英國政府並沒有聽取他的呼籲，歷史上的第二次世界大戰，便以無法逆轉之勢爆發了。

2 美國第二十六任總統——羅斯福

他的胸部雖已中彈，但仍舊繼續演說……

一九一九年一月，突然發生的一件不幸讓我永生難忘。當時，我正在部隊裡服兵役，受命駐在長島的阿普頓營地。一天下午，一隊士兵爬上營地附近的小山，舉槍向空中鳴槍致敬——羅斯福總統去世了！西奧多．羅斯福是美國歷任總統中最有聲望的一位！他逝世時年紀還不算很老，就算他活到現在，也才八十歲。他比克拉倫斯．丹諾還要年輕一歲，只比赫斯特大四歲。

幾乎關於羅斯福的每一件事都是非同尋常極具傳奇色彩的。比如，他的眼睛高度近視，要是不戴眼鏡的話，他甚至連在十步之外的自己最要好的朋友也不能認出來。而實際上，他卻是一名神槍手，曾經在非洲擊斃過雄獅。他是舉世公認的最著名的打獵高手，然而他卻從來沒有釣過魚，也從沒有打過一隻鳥。

他年幼時身體虛弱，深受嚴重的哮喘病折磨。當時，他決定去西部當一名牛仔，想以此來鍛鍊自己的體魄提高自己的身體素質。在那遼闊的西部，白天他在茫茫草原上奔波不停，夜晚則在皓月、繁星之下露宿。結果，他練就了一副極為強壯的體格，以至於後來他竟然敢於挑戰著名的拳擊手邁克・多諾萬。他曾到南美洲的叢林中探過險；翻越過玉女峰和馬特峰兩座高山；並且曾在古巴的聖胡安山的槍林彈雨中衝鋒陷陣。

羅斯福在他的自傳中說，他小時候性情非常懦弱膽怯，經常害怕受到什麼意外的傷害。然而後來，他卻因為自己的種種冒險行為折斷過自己的手腕、胳臂、鼻子、肋骨和肩膀，即使如此，他還是不斷地去嘗試去冒險。當他在西部當牛仔時，常常從馬背上摔下來，但是，哪怕是自己的骨頭都摔斷了，他仍舊會爬上馬鞍，繼續驅趕牛群。

在講到他是怎樣來訓練自己的勇氣時，他說道，他的方法就是逼著自己去做那些自己平時不敢做的事情，在做這些事的過程中，雖然自己往往會被嚇得半死，也要強迫自己勇敢起來，繼續堅持下去，絕不放棄。羅斯福正是採用了這一看似很簡單的方法，他最終從一個膽怯、懦弱的小孩變成了一個英勇無畏的男子漢，以至於他面對非洲怒吼的雄獅和戰場上振聾發聵的炮聲都毫不畏懼。

一九一二年，羅斯福在赴某地演講的途中，一個喪心病狂的人開槍擊中了他的胸部。羅斯福卻堅持不讓任何人知道他已經中彈了，依然像往常一樣走上講壇發表他的演說，直到最後因失血過多而暈倒，才被送進醫院搶救。

他在白宮期間，睡覺時總是在枕頭下放著一把裝有子彈的手槍，而且，他在出去散步時身上也往往帶著一把手槍。

在他任總統期間，曾同一位軍官發生過衝突，結果兩人動起手來。那位軍官一拳擊中了羅斯福的左眼，他眼部的血管被打破，左眼因此失明。但是，羅斯福不想讓那位青年軍官知道因為他而導致自己失明，所以，當那位軍官提出再次與他進行比試時，羅斯福拒絕了。那位軍官還以為羅斯福總統是因為年老體衰而無力支撐了呢。數年後，羅斯福的左眼完全失明，但他始終沒有讓那位軍官知道這件事。

他在長島總統別墅裡燒的木柴都是他自己劈的，他偶爾也會在空閒時間到田間去撿一些雜草回來生火，並且還堅持要求他的園丁為他的這種幫工支付工資。

羅斯福從來不吸煙，也從未發過誓，只是偶爾會在晚上喝上一小杯加了白蘭地的牛奶，這還是他的侍衛無意中告訴他的，在此之前，他對此一無所知。儘管如此，還是有一些無聊的人經常說他是一個嗜酒者，最後他一怒之下竟以誹謗罪對這個人提起訴訟，以此來消除謠言，證明自己的清白。

雖然他在白宮每天都要日理萬機，但他卻仍然能找出足夠的時間來閱讀大量的書籍。他規定在某一天的整個下午用來接見那些來訪的人，他接見每位來訪者的時間都限制在五分鐘之內。就在那些接見對象交替的短暫時間裡，他都會抓緊時間閱讀放在手邊的一本書。

他外出旅行時，經常會隨時帶著一套袖珍本的《莎士比亞全集》。當他在西部放牧時，常常坐在帳篷外的篝火邊給其他的牧童高聲朗讀《哈姆雷特》全劇；在去巴西叢林的旅途中，他每天晚上都閱讀吉朋的巨著《羅馬帝國衰亡史》。

他愛好音樂，但自己卻對音樂一竅不通。當他獨自工作時，常常喜歡哼一哼《我主已靠近你》這首歌。一次，他騎馬經過西部某一城市的街中心時，手裡揮舞著帽子向前來歡迎他的群眾致意，同時嘴裡還不停地哼著《我主已靠近你》。

他有很多非常奇怪的愛好。一天，他坐在白宮的辦公室裡，突然心血來潮給華盛頓的某一大報的記者打了一個電話，讓他立刻趕到自己的辦公室來。該報的發行人受寵若驚，喜出望外，以為總統一定是要向他透露一些關於時局的秘密消息。於是，那位發行人立即要求報社準備安排印發增刊。

等這位記者匆匆忙忙趕到白宮，見到羅斯福總統時，羅斯福卻隻字未提政治上的事，這位童心大發的總統領著那位記者來到白宮庭院裡的一棵老樹下，讓記者觀看他剛剛發現的一窩剛出生不久的小貓頭鷹。

還有一次，羅斯福總統坐專車前往美國西部的某地，在車上他接見了許多政界要人。正在談話過程中，突然，他從窗口看見外面的玉米地裡有一位老農夫拿著帽子垂手站著，他知道這個農夫是在對總統表示敬意。因此，羅斯福立刻跳了起來，趕快跑到火車最後一節車廂外，熱烈地揮舞著自己的帽子向那農夫還禮致意。

他並不是故意在耍政治家的慣用把戲，他這樣做完全是發自內心的情感，因為他真正愛著他的人民。

到了晚年，羅斯福的健康狀況逐步惡化，雖然當時他只有六十多歲，卻好幾次說到自己已經老了。他在給一位老朋友的信中說道：「你我都已是風燭殘年了，不知道哪一刻我們就會從這個世界上消失。」

一九一九年一月四日，羅斯福在睡夢中安然與世長辭。也許，他預感到要離開這個世界了，「請把燈熄了！」——這是他說的最後一句話。

3 美國第二十八任總統——威爾遜

有些人沒有成功是因為沒有機會，即使有機會卻也沒有成功，那是因為他們不懂得如何待人處世。真正的威爾遜總統究竟是一個怎樣的人呢？威爾遜總統曾被很多人譽為了不起的天才，但也被許多人譏笑為有史以來最大的失敗者。評價十分兩極化

他曾經看到了世界和平的幻象——國際聯盟，就在這個幻象的祭壇上，他奉獻出了自己所有的精神和活力——他最終失敗了，被自己的理想所摧毀。

一九一九年，當威爾遜總統乘船橫渡大西洋，遠赴歐洲斡旋，準備為世界為人類帶去和平之際，他被世人尊稱為時代的救星。戰亂不止、哀鴻遍野的歐洲大陸歡迎他時如迎天神。久經戰亂之苦的農民就好像朝拜神靈一般，在他的人像前虔誠地點上蠟燭，祈禱他能為自己帶來福祉。

此刻，全世界都匍匐在他腳下。然而，三個月後，當他返回美國時，他已是垂頭喪氣、頹廢不堪了，許多朋友離他而去，他還為自己結下了成百上千的仇敵。

歷史上的威爾遜總統有點像一位富於理想的學校教師——冷靜、莊重，缺少人類常有的溫情。但事實上卻幾乎完全相反，威爾遜是個極富人情味的、渴望與人交往的人。然而，他一生的遺憾就是他自己的羞澀使得他看起來是那麼高傲、那麼拒人於千里之外。

他曾經說過：「假如我能變得與其他的我有所不同，我願意犧牲我現在所有的一切，可是無奈的是：我沒有辦法改變我自己！」

他偶爾也會放縱一下自己。他在衛斯里大學任教期間，有一次在觀看一場足球比賽時，他興奮到了極點，以至於最後竟然從看台的座位上跳進場內，領導啦啦隊不住地吶喊助威。而當他在百慕達大學執教時，他常常純粹是為了能和黑人船夫聊天而去划船。

威爾遜恐怕是美國最有學問的一位總統了，然而，他直到十一歲時才開始讀書寫字，讀偵探小說是他最大的消遣。

他對藝術不太感興趣。他常說，自己寧願到「一角商店」去買一張石印的五彩畫，也不想要那些所謂名畫家價值連城的傑作。而且，他還說，他寧願去看一場普通的滑稽劇，也不願去欣賞那所謂的高品味的莎士比亞名劇。他說他去劇院的目的不是去接受教化，而是為了純粹的消遣取樂，所以，他當了總統之後，幾乎每星期都要去觀看一次雜耍表演。

他一生中大部分時間都很貧窮。他當教授時薪水非常有限，以至於他的太太不得不靠賣自己的畫來維持全家的生計。威爾遜因為生活窘困而沒有錢買好衣服，即便當上總統之後，依然如故。

有一次，威爾遜總統的僕人堅持要求總統把他的舊西服送到裁縫店，將舊衣襟換一下，但是威爾遜總統的回答卻是「不用了，現在還沒有必要換，它至少還可以再穿上一年。」

威爾遜在飲食方面沒有太高要求，對自己的飲食漠不關心，他幾乎吃所有擺在他面前的東西，而且他好像常常不知道自己每天都吃了些什麼。他一生最多只吸過一支雪茄，或者可以說連一支也沒有吸完過，而且在吸完後還因此病了一場。

他唯一的奢侈，就是喜歡買那些在他看來可愛的書籍。

在威爾遜那冰冷的外表下面，有一顆感情豐富、又最易動感情的心。凡是真正了解他的人都說，他比羅斯福總統還要熱情。他做總統後的第一件事就是給他太太買了一件舒適的貂皮大衣。他的太太在他做總統一年後就去了，結果，他竟不讓人們把她的屍體移出白宮，一直讓她在他身邊停了兩小時。之後，他將他太太的屍體放在沙發上，在旁邊守了整整三天三夜都不肯離去。

他被稱為智力上的偉人，但是他並不擅長各種語言，對於世界上重要的文學作品也不怎麼熟悉，他對科學不怎麼關心，尤其對哲學缺少興趣。

他在開始自己的事業之初，選擇的是當律師，但是在律師這一事業上他卻敗得一塌糊塗。他從未替別人辯護過什麼案子，他一生只為唯一的一位顧客處理過財產糾紛，而這位顧客就是他的母親。

威爾遜性格中最大的弱點是做事缺乏策略和手腕。從他自己晚年的回憶來看，他畢生的願望就是要成為一名出色的政治家。他經常在自己的房間裡練習當眾演說，往往一練就是好幾個鐘頭；為了提高自己在各方面的能力，他甚至在牆上貼了一張圖表來時刻指導自己形成一個適當的姿勢。然而，他只是一味地想著怎樣對待別人。在他逝世前不久，他還一再遭遇到友誼破裂之苦。他和參議院主席發生了爭執；和他最親密的摯友豪斯上校斷絕了關係。最後，他又因為授意國民只選民主黨人擔任政府的官員，而使許多本國的國民都對他產生了反感。

在美國參議院拒絕接受參加國際聯盟的提議之後，威爾遜便直接訴諸全國人民，要求全民公決。他的身體本來就不是很健康，醫生也警告他不要過於操勞，但是他一點也不聽勸告。在他總統任期的最後一年裡，這位曾經一言能撼動全球的智慧天才，竟病弱到了需要有人把著他的手才能簽名的地步。

在他卸任總統職務後，他反而更加受到人們的愛戴。威爾遜退休之後，從世界各地湧來的人都到他在華盛頓的家裡去拜見他。他去世後，來朝拜的人們都在他家門外的通道上為他的靈魂祝福。

4 印度聖雄——甘地

有人尊奉甘地為「聖人」，也有人認為他是印度神的化身，是他振臂一呼，把印度人從數百年的睡夢中喚醒了

你還能夠記起來嗎？好多年前，在印度有一個穿著破舊、身材瘦小的棕色人，他躺在一張帆布床上，宣布絕食，並勸其他人也吃素，一直等到他死。這件事在當時令全世界為之震驚，各大報紙都爭相將它當做重要新聞，用大標題來刊載——因為這個絕食的人，正是默罕達·甘地，他是二十世紀的一位世界性偉人。

如果從金錢角度來衡量的話，甘地是個不折不扣的窮光蛋。假如他賣掉他在塵世上的全部家產，一共也值不了七毛五分錢。然而，他本身卻比世界上任何一位百萬富翁都更富有力量。

在身體上，他是柔弱不堪的，他拒絕使用武力或暴力。然而，他的學說和精神感召力卻要勝過一百艘英國戰艦。

印度在世界人口中占有比較大的比例。然而，它數百年來都在夢中沉睡，因此盡管人口眾多，可是這又能怎麼樣呢？任憑你長得高大，又有什麼用呢？但是，像甘地這樣一位瘦小得連百磅也不到的人，他振臂一呼，卻喚醒了所有的印度人。

關於甘地，有許多傳聞都值得記述，例如，他那副假牙，他不吃東西時總是將它放在他那破舊的衣服裡，只有吃東西時他才把它安放在嘴裡；吃完飯以後，立刻又把假牙拿出來洗一洗，仍舊放在他那破舊的衣服裡。

他講英語帶有一點愛爾蘭口音，這是因為最初教他英語的老師是愛爾蘭人。

現在，他除了圍著一條腰布外，不穿其他東西。但是，當初他在倫敦住的若干年中，他可是經常頭戴一頂絲綢帽，腳穿一雙短靴套，並且還常常拄著一根手杖，活脫脫一個紳士，他在倫敦大學畢業，後來當了一名律師。但是，當他第一次在法庭上發表演說時，他雙膝打顫，害怕得非常厲害，以至於不得不在一陣紛亂和紛搖欲墜中，頹然地坐了下來。

他雖然缺乏當律師的才能，但卻做過一件對人類有著重大意義的事情，並因此而每年獲得一萬五千美元。

他同情那些還在貧困中掙扎的同胞，又看到許多同胞死於飢餓之中，所以他認為自己的成就實在微不足道，並將他所獲得的錢全部用於救濟窮人，他立志要終生為那些貧窮的人服務，全力以赴去幫助他們。

從那時起，他就一直獻身於一項幫助窮人和那些正在遭受別人蹂躪的人的神聖工作。今天，有十分之一的印度人民（比美國密西西比河以西的所有居民加起來還要多）因為沒有飯吃而過著一種忍飢挨餓的生活。他們的生活是那樣無望，以至於連甘地都勸他們不要再把小孩帶到這個充滿太多悲慘和貧困的世界上來。

甘地嘗試了各種食物，想要發現怎樣才可以生活得最儉樸而又無損於健康。現在他主要靠水果、山羊奶和橄欖油來維持生命。

甘地提倡的「不合作主義」起源於美國作家大衛・梭羅的思想。梭羅在從哈佛大學畢業後，自己花了美元在一個偏僻的湖濱建造了一間茅屋，開始了隱居的生活，並拒絕向政府納稅。因此，他曾遭到逮捕，但他出獄之後卻寫了一本書，書中一再主張「每個人都不應該納稅」的觀點。

後來甘地讀到了這本書，他大為嘆服，並決定採用這一策略。他覺得英國政府沒有使印度真正獨立，因此他大聲疾呼，警告英國，並呼籲印度民眾：「寧可入獄，也不納稅！」並掀起了一場抵制英貨的運動。當英國政府向他們開徵鹽稅時，他們就跑到海邊自己晒鹽。

根據印度教的教義，大約有六千萬印度人被永遠地打上了賤民階級的烙印。這就是說：如果你是在印度出生的，而你的祖先又不幸在二千年以前被印度教打上了賤民階級的烙印，到今天，你一出生就注定還是一個屬於賤民階級的人。

作為一個賤民階級的人，你要為先人所犯下的罪惡而被罰受苦。你不能飲用從村子裡的井裡面汲出來的水，而只能跑到外面去喝路旁那種骯髒的小溝裡的濁水。你處處被人討厭、被人嫌棄。

奇怪的是，在這種情況之下，你漸漸的也會自以為卑賤了：你不敢進商店買東西，小心謹慎地站在很遠的地方，等待人們把東西扔給你。你既沒有資格進學校，更不配進入講公理的法庭，你將遭受千萬人的詛咒。如果你的影子投射到了某些食物上時，這些食物就只有被拋棄，再也沒有人會吃它了。

賤民階級的人數幾乎相當於美國全部人口的一半。他們的處境是今天世界上最悲慘、最可憐的。甘地以他的全部生命，獻身於為他們爭取正當權利的鬥爭。他甚至教養了一個賤民階級的小女孩，並把她撫養成人，愛護她就像愛護他自己的親生女兒一樣。

甘地被千百萬人看做一位聖人。還有另外一些人則相信他是印度神靈的化身。在一個充滿著可鄙的貪婪和自私的世界裡，面對這位自己一無所求，為了別人能夠過上幸福生活，而自己去死的人，我覺得自己只能卑微地站在他面前。

5 奧匈皇太子──魯道夫

愛江山更愛美人，為了自己的愛情，他毅然決然地放棄了皇位

一八八九年一月，在一個寒冷、多霧的清晨，太陽出來前不久，從奧匈帝國的皇太子魯道夫的遊獵別墅裡發出了三聲槍響。應邀到這所別墅來度假的魯道夫的朋友們立即趕到出事地點，使勁地捶打著通往皇太子臥室的門，但卻沒有絲毫反應，於是，他們急忙把房門撬開，衝進他的房間。

進入房間後，映入眼簾的情景令他們驚恐萬分，他們被驚得目瞪口呆，簡直喘不過氣來。房間裡凌亂不堪：椅子被打翻在地，空香檳酒瓶紛亂地倒在地板上，枕頭上沾滿鮮紅的血跡，牆上也是血污斑斑。皇太子魯道夫穿戴得整整齊齊地躺在床上，腳上還穿著獵靴。他的頭顱已被打得粉碎。

在他身邊，躺著他深愛的女人，一顆子彈從她的顴骨穿了進去，把她打死了。她那漂亮、茂密的棕色頭髮掩蓋住了傷口，魯道夫平時最喜歡溫柔地撫摸她這頭秀髮。在她身體上沒有絲毫明顯受傷的痕跡，她就像一位希臘女神一樣美麗，死

的時候和活著的時候一樣可愛。

這一幕悲劇，大約發生在半個世紀以前的奧地利。然而那次謀殺——或者也可能是自殺——也許直至今天對人們的生活還有影響，它的確對世界歷存的發展產生了一種深遠而持久的影響。

為什麼這樣說呢？解釋起來很簡單。

如果這位有民主傾向的皇太子魯道夫不死的話，那麼在一九一四年，他很可能就會拒絕奧國的軍隊與他向來瞧不起的德皇同流合污；拒絕與他所愛慕的英國作戰。也許根本就不會有第一次世界大戰，和至今還影響著人們的經濟大蕭條。

到底是魯道夫先槍殺了他的愛人然後自殺的呢，還是第三者將他們兩人一起謀害了呢？誰也不知道事實的真相。

這一悲劇的浪漫色彩引起了很多人的興趣，他們寫了許多關於這件事情的書，德文的，英文的，義大利文的，各種語言的都有。不過，也許永遠都不會解開有關這件悲劇的秘密了。

當槍聲響起時，在那所遊獵別墅裡只有魯道夫的兩個朋友——科堡的菲利普王子與賀約斯伯爵。他們兩個人都認為那是自殺，他們知道——幾乎每一個維也納的人都知道——皇太子魯道夫的婚姻極不幸福。

八年前，他娶了比利時國王的女兒——金髮的斯迪芬妮公主為妻。但是，他並不愛她，她也並不愛他。他們完全是由於政治上的原因才迫不得已結合到一起的。許多年以來，他們一直疏遠著。她很少到他的房間裡去。然而，當她發現他注意別的女人的時候，卻妒忌得要命。

魯道夫曾到許多地方遊歷過，能夠講十種語言，寫過一些書，極受本國人民的愛戴。實際上，他在維也納也受到了人們的普遍尊敬，是奧匈帝國人民心目中的偶像。一八八八年，也就是他死前的那年，他碰到了瑪麗・費采拉男爵夫人，一個千嬌百媚、年輕活潑的女人，她的血管裡流著古希臘人的血液。當時她還只有十九歲，他廿九歲，兩人一見鐘情，很快便墜入了浪漫而狂熱的愛河。

他們熱戀的緋聞令整個維也納為之轟動，連那些向來沉默寡言的人也非常關注這件事。一時間流言四起，終於有一天，這些傳聞傳到了那位嚴厲的老皇帝弗蘭西斯・約瑟夫的耳朵裡了。

起初，他對於他們的這種交往裝作不知道，因為他自己在道德方面也並非毫無瑕疵。但是，這件事並沒有因為人言可畏而有所改變。

後來，情形發展得越來越壞，人們甚至開始公開對此進行詆毀，維也納和布達佩斯所有的人都在竊竊私議。於是，弗蘭西斯・約瑟夫便把他的兒子魯道夫叫到宮裡，要求他終止這種放蕩的、越軌的戀愛行為。

但是，魯道夫為了捍衛自己的愛情，堅決反抗父皇的意見，發誓絕不放棄瑪麗。弗蘭西斯・約瑟夫不禁大發雷霆，想通過威嚇使兒子屈服，但結果仍是無濟於事。因為對魯道夫而言，他所摯愛的瑪麗遠比尊榮富貴、光彩奪目的哈布斯堡的皇冠還要珍貴。

在和父皇的那次衝突之後，魯道夫和瑪麗便經常到他的遊獵別墅裡去秘密約會。那所別墅隱藏在離維也納大約有三十哩遠的叢木之中，這足以避開一些無聊的人。在一月的那個致命的星期裡，他們又偷偷地來到了那兒，想在那裡過幾天自由快樂的日子。

但就在這時，突然發出了三聲槍響——它改變了世界歷史的進程。

在悲劇發生的那個早晨，魯道夫原本打算要去打獵的。因此，在清晨六點半鐘他就被僕人叫醒了。但是他的僕人告訴他，那天的霧很大而且非常冷，魯道夫只得打消了去打獵的念頭，吩咐僕人備車，準備起程回維也納。

這個僕人是在魯道夫死前，見到他的最後一個人，他說皇太子那一天的心情很好，臉上帶著微笑，可以說是很快樂的。因此，這個僕人斷定魯道夫和瑪麗是被人謀害的。

魯道夫死後，他的父皇並不想將這件事情聲張出去，他吩咐御醫簽署一紙聲明，宣稱魯道夫是中風而死。但是御醫卻拒絕了他的這道命令。

魯道夫穿著帝王的服飾，與他那統治了奧地利達六百年之久的哈布斯堡王室的祖先們葬在一起。但是，他心愛情人的屍體則被人丟在一個衣箱裡，放在那所遊獵別墅的僕人伙房裡好幾天，沒有人照管也沒有人注意。

最後，在一天晚上，她被葬在了濃密的松樹林深處的一所寂靜的修道院中。僧侶們把她的屍體放在一個粗糙的松木棺材裡——用粗劣的木板拼釘而成的一口棺材。當她被放進棺材時，木板上殘留的樹皮上還掛著她的衣服。她和魯道夫一同幽會時所戴的那頂帽子，就放在她的頭下給她做枕頭。

松林間嘆息的悲風，是她唯一的安魂曲。

6 法界硬漢——丹諾

他成為那個時代美國最偉大的律師，緣於一個鄉村婦女的侮辱

大約在七十年前，一位小學校的女教師擰了一個小學生的耳朵，因為這個小學生坐在椅子上經常動來動去。這個女教師是當著許多學生的面擰他的耳朵的，這個小孩感覺自己受到了莫大的羞辱，在回家的路上哭個不停。雖然這個小學生當時只有五歲，但是他才開始憎恨殘酷的暴力和不公正，並發誓一生都要為此而抗戰。

那個小學生就是克拉倫斯．丹諾。後來，他成了美國最著名的律師，毫無疑問，他是那個時代的最偉大的刑事律師。他的名字多次在全美各大報紙上以特大號字體登出過。他是一個仗義之士、革命者、叛逆者、鬥士，他是被壓迫者的福音。

他第一次代理的案件，至今還被俄亥俄州阿什塔比拉城的老人們所津津樂道。這樁激烈的案件，卻只是為了一套僅值五塊錢的舊馬鞍。委託人只願為此案出五塊錢的訴訟費。於是，丹諾便自己承擔了其他的訴訟費，這一案件前前後後經過了七個法庭，爭辯了七年，他最終勝訴了。

丹諾對金錢和權勢從來不曾有過野心，他說自己永遠是一個懶漢。他原本是鄉下的一名教員。有一天，在他那原本平靜的生活中發生了一件改變了他一生命運的事。當時城裡有一位鐵匠，這個人在工作之餘自學法律。那一天，丹諾在這位鐵匠家裡，聽到他和別人因一個案件展開辯論。

丹諾對這位鐵匠的機智和演說口才大為驚嘆。那位鐵匠在與人辯論時的風采深深地吸引了他，他也想試一試。於是，他向那位鐵匠借了一本法律書，開始自學起了法律。每個星期一的早晨，他都把那本書帶到學校去，當他的學生在做數學題或學地理時，一有時間便抽空翻翻那本書。他承認，假如不是後來發生了一些事促使他奮發向上的話，他可能一輩子也只能做一個鄉村教師了。

他和他太太決定從阿什塔比拉城的一位牙醫手中將一所小房子買下來，雙方事先達成協議總房價為三千五百元。丹諾將他僅有的五百元積蓄從銀行取出，剩下的三千元雙方商定採用分期付款的方式支付。這宗買賣幾乎就算辦妥了，但到了最後，牙醫的太太卻無理地拒絕在合約上簽字。不但如此，她還用帶有侮辱性的口吻對丹諾說道：「小伙子，我就不相信你這一輩子能賺出三千五百元來。」

丹諾非常憤怒。他再也不能在這個城裡待下去了，激憤之下，他去了芝加哥。

他在芝加哥第一年只賺了三百元——這點錢連付房租的錢也不夠。但是到了第二年他的收入卻是第一年的十倍——達到了三千元——這是他充任該城特別律師所獲得的報酬。

丹諾說：「當我時來運轉的時候，每件事似乎都順著我的心意。」不久他就當上了芝加哥西北鐵路公司的大律師，並且走上了一條輕鬆賺錢的道路。後來，他遇到了一個暴力事件，即罷工運動。在這一事件中充滿了仇恨、暴動和血腥！

丹諾是同情罷工的工人的。當鐵路公司的總經理尤金·德布斯來找丹諾商談起訴的事情時，他辭掉了自己的工作——他不但不替自己的公司辯護，而反幫助罷工者申辯。那次辯護就是大律師丹諾所代理的許多激烈、意義重大的案件之一，而實際上，**他經手辦過的每個案件都可以說翻開了美國法律史上的重要一頁**。例如，著名的凶殺犯利奧波德與洛布在刺殺小寶寶弗蘭克斯之後又投案自首這個案件。

公眾對這一凶殘的案件大為震驚。而丹諾居然擔任這兩個凶手的辯護律師。他的行為激起了公憤，人們都痛罵他、打擊他，指責他為這兩個罪人辯護的行為。那麼，他為什麼要這樣做呢？

丹諾說：「我要盡我所能地和罪惡作鬥爭。凡是我所代為辯護的人，都被判處過死刑。而且，如果有人被判處死刑的話，我覺得這就像是要殺我一樣。我從不敢讀有關死刑的故事。遇到要處死犯人的那一天，如果有可能的話，我會跑得離城遠遠的。我強烈地反對殺人。」

他說罪人是由社會所造成的，並且每個人都有可能犯罪。

丹諾深知審判的滋味。他一度被指控賄賂了審判官，並且只能通過自己的口才為自己辯護。他一生最感激的人，就是當他自己受審時，一位以前他曾為之辯護過的人對他說：「聽我說，你曾經把我從絞刑架上救了下來，現在你遇到了危難，我應當幫助你。我願意把和你作對的主要見證人全部殺死，而且不用你花一分錢。」

在幾年以前，丹諾出版了一本書，講述的有關他一生的故事《丹諾自傳》。我還記得當時讀到他講自己的人生哲學這一章時，我被感動得徹夜難眠。

他這樣寫道：「我不知道我這一生真正完成了多少事情，我這一生中也做了很多錯事，不過讓我感到慰藉的是，我也盡可能地從多舛的命運中享受樂趣。我盡力讓自己的每一天都不虛度，在我的心中，永遠只有自己將要前進的方向和奮鬥的目標。我並不認為自己已經老了，整個世界都擺在我的面前，我還可以無窮無盡的利用它。現在，這一生的路程似乎已經快走完了，未走的路途是這樣的沒有盡頭，而足跡所踏過的又是何其短暫。」

7 法學權威——霍姆茲

他九十三歲高齡，仍在讀修養的書

這是影響全美國法學界人物的故事。美國史上最傑出的學者奧莉微．溫德爾．霍姆茲（Oliver Wendell Holmes）是一位極富趣味性的人物，火災現場、地方戲劇等處，都有他的足跡。對於偵探小說更是迷戀，他出生於一八四一年，當時美國只有二十七州，卒於一九三五年，享年九十四歲。

他對美國百年來一流人物的種種事蹟，非常了解。少年時以大思想家Ralph Waldo Emerson為偶像，他與父親同名，父親是一位有名的博士，也是美國隨筆文學《早餐桌上的獨裁者》的作家。

他的父親非常注重早餐的營養，尤其喜歡吃一種由橘子、檸檬製成Marmalade的果醬，總是大把大把的吃。霍姆茲小時候也非常喜歡吃，這也許是造就他那伶牙俐齒之原因呢！即使七十年後，他當選美國最高法官時，出席相當嚴肅的會議，仍能侃侃而談。他還時常說：「**學者不必太莊嚴，應該有輕鬆之一面。**」

有一次晚上，他到華盛頓欣賞喜劇，霍姆茲法官整晚捧腹大笑，笑聲之大，令旁人為之側目，完全像是換了個人似的，「我時常感謝神，能讓我擁有如此快樂的時光。」

他曾以非英國人的身分，榮獲英國法學協會會員推薦的第一個人物。如此偉大的學者卻是如此平凡。在幅員廣大的美國社會中，這種人物實在少見。

一八五七年，他的父親極力反對他就讀法律系。在當時律師還是屬於微賤工作的時代。他的父親說：「法律這等玩意兒，成不了大人物，馬上放棄學法律！」但霍姆茲卻認為學法律的人照樣可以成功！他努力學習有名的《英法註解》，宛如小說般的一遍又一遍的讀，任何一頁都深深吸引他！

一八六一年哈佛大學畢業的前夕，南北戰爭爆發了，他立刻投筆從戎；穿上寬的馬褲，藍色的上衣加上一頂大紅色的帽子，一副十足的美國大頭兵似的，霍姆茲就從容地去參與戰爭了。戰爭中前後受傷三次；有一次子彈從心臟附近穿過，擔架抬到醫療處時，醫生束手無策地說：「這小伙子，傷得太重，恐怕不久人世了。」

果真會死嗎？這個來自波士頓的美國佬，卻逐漸從死亡陰影中復原。

過後二、三年的一八六四年，他們冒險救了林肯大總統的性命，為國家建立偉大勳業。北軍司令官格蘭特將軍正忙著處理里基瑪德（Richmond）的攻擊時，南軍正揮兵北上，直逼維吉尼亞州亞力庫山多利亞，距華府盛頓只有二十哩路。

北軍部隊緊急聚集在史蒂芬斯要塞，做背水一戰，從未到過前線的林肯大總統，亦親往史蒂芬斯要塞指揮。他站在靠牆的屋頂上，高高瘦瘦之特徵，隨意一望即知是林肯，而這位大總統竟然站在敵人輕易可見之處。

一位將軍趨前向大總統說：「總統先生，是否可請您離開這兒！」但林肯並沒有接受；這時，前方五呎一位從牆壁伸頭而出的士兵，中彈倒地而亡，三呎前的另一位士兵也應聲而倒。

突然，林肯總統背後傳來一陣咆哮：「大笨蛋！馬上離開戰火區！」

驚訝的總統先生回頭一望，霍姆茲上尉正怒眼瞪他。

「哦！你不是霍姆茲上尉嗎？」總統先生微笑著說：「你的語氣像是對老百姓說話呢！」然後，才躲躲閃閃地跑到安全地帶。

這件事要是傳出去，霍姆茲當然會成為英雄人物。但他本人卻不屑地說，

「**英雄這名號，我不想要；我只是純粹盡軍人的義務而已，沒啥大不了！**」

戰爭結束後，他就像沒有參與任何戰役般地回到母校。明知學法律不是賺錢的途徑，卻仍然繼續他的學業。當時坊間流行著──一年內能收回招牌的錢，就是相當成功的律師了。

事實上，霍姆茲連招牌錢都無法賺回，三十歲時，仍然過著三餐不繼的生

活。三十一歲與青梅竹馬的芳妮．狄克斯威爾結婚，雙方窮得連一分錢都沒有，不得不暫住父親三樓的房間，依賴妻子勤儉持家，經過一年才得以搬家。所謂搬家，只不過租個藥舖二樓的二、三個房間而已，煮炊用具非常簡陋。老霍姆茲博士的這個天才兒子，至此仍然一無所成。

霍姆茲利用餘暇，潛心研究詹姆士．肯特所做的《美國法註解》，並將其修改成為符合現代的法典，這是非常艱難的工作。數萬件的法案，皆必須一件件研究、分析，然後加以詮釋。他日復一日，年復一年地努力潛研其中，距離完成的日子，仍然遙遙無期，自己也變得焦慮不安。

男人四十而立——這是他所持的信念。然而，他已三十九歲了。每當時鐘在半夜敲十二響時，他總是如此問：「芳妮，四十歲時，我能完成這部鉅作嗎？」他的妻子立刻將手上的編織停下說：「沒問題，你一定能完成的！」

果然，他在四十歲生日的前五天，終於完成了這個工作，這個被稱為美國法史上最偉大的鉅作，終於完成了，他們夫妻倆開香檳互相慶祝。

消息傳出，哈佛大學立刻以年薪四千五百美金聘前往任教。

「法學教授，非常令人稱羨的榮譽啊！」他馬上與朋友喬治、喬達克洽談。

「千載難逢的機會，千萬別讓它溜走啊！」喬治說：「但是，假如麻薩諸塞州聘請你擔任檢察官時，你得權衡輕重啊！」霍姆茲聽了大聲地笑著說：「你這小子，別瞎扯了！擔任檢察官？根本不可能！」

但是他還是接受朋友的建議，到哈佛大學任教。

三個月後，喬達克跑進哈佛大學，叫出正在上課中的霍姆茲興奮地說：「奧迪斯．羅德先生辭職了，麻薩諸塞州最高裁判所檢察官的職缺，州長擬定聘請你擔任；但必須在中午以前向審查委員會報告，現在都已十一點鐘了，快！」霍姆茲聽了，趕緊拿了帽子，兩人飛奔的離開。

一週後，他正式就任麻薩諸塞州的檢察官。這突然的機運，改變了他的一生。

在他就任麻薩諸塞州的檢察官時，人們給他一個綽號——反對者。

因為他總是毫不客氣地反對其他檢察官的意見。例如，一九八六年，勞工委員會提出派員監督商店的提案，與他產生爭議；沒有勞動經驗的他，毅然擁護提案成立，絲毫不退讓。他告訴他的友人說：「堅決擁護這項提案，恐怕會斷送前途呢！」然而明知前途會斷送，卻不肯屈服於現實的壓力，徹底的信念使他不願為了個人的利益，而改變立場。

雖然這種堅持立場的態度屢屢發生……奇妙地，竟然沒有阻礙他的前途，反而提高了他的地位。狄奧．羅斯福總統禁止壟斷事業發生，而遭到反對者極力抵斥、抨擊。羅斯福總統聽到有關霍姆茲的各項傳聞，興奮地說：「這種不畏權勢壓力的男子，最適合擔任裁判所的檢察官！」於是，緊急發布一項命令，聘請霍姆茲擔任美國最高裁判所檢察官。這是美國司法界最高的榮譽。

羅斯福總統以為如此一來，自己的主張將能暢行無阻。事實卻不然。霍姆茲若遇到不合理時，也毫無忌憚地反對總統。羅斯福憤怒地指責：「沒有骨氣的傢伙！比香蕉都軟弱的笨蛋！」

雖然總統相當氣憤，但人們卻無比的欣悅，因為**真正的檢察官，必須憑著良心做事，不畏強權，才能保障國民的權益。三十年來，他憑著良心做事，對於應該反對的事情絕不苟同，終於成為美國司法史上最受尊敬的人物。**

他是華盛頓首府最多采多姿的人物之一，卻從不輕易接受記者訪問。譁眾取寵是他最不屑的。然而關於他的傳聞卻被人們熱烈地傳說著。例如：霍姆茲夫妻喜歡飼養動物；養了很多小鳥；擁有兩隻猴子、三隻鼴鼠；鼴鼠在屋內飛來飛去；使他夜間不得安眠，只得在開庭時打瞌睡。

八十歲以後，他不再搭乘電梯，安步當車地走樓梯。如果聽到有關火災的消息，夫妻倆人便飛奔到失火現場去圍觀。平常言談舉止不似上流人物，反而像是海盜一般。呼叫秘書時總喜歡用「喂！小鬼！」、「小伙子」、「這個混蛋小子」的口氣。

一九二八年，華盛頓首府有個新聞記者向一名法院的職工打聽霍姆茲的事情，這個職工回答說：「他是最高裁判所內最年輕的檢察官，因為他專門跟其他檢察官吵架！」聽到這話的霍姆茲捧腹大笑，當時他已經八十七歲了，是最高裁判所裏最老的一位。

霍姆茲曾說：「除非上帝寵召，否則我絕不退休離職。」九十一歲時，老態漸露；退庭時已需兩名同事扶持。某日，他告訴書記說：「明天不來了！明天不會再出庭了！」果然，那天成為他最後出庭的日子。

兩年後，霍姆茲的九十三歲生日時，剛就任的富蘭克林．羅斯福總統前往致賀時，霍姆茲正在書房讀柏拉圖傳記，**總統問他：「為何讀柏拉圖的傳記呢？」他回答：「為了修心養性。」**

九十三歲高齡的人，為了修心養性而讀柏拉圖傳記，全美國恐怕找不到第二人了。而霍姆茲對於美國司法界的影響，恐怕無人出其右吧！

還有，霍姆茲約有二十五萬美元遺產，全部捐獻給美國政府，藏書也全部捐贈國會圖書館，他將一生貢獻給社會國家，成為全美司法界優秀的榜樣。

霍姆茲法官四十年來法律的改革，得到國際法學界的認同，因而聲名大噪，他特別著名的言論是以擁護言論自由聞名，著作頗豐。

8 演講大王——傑克森・湯姆斯

具備所有成功條件的冒險家，擁有四百萬聽眾的演講家

一九一六年春天，任教於普林斯頓大學法律系的教授打通電話要求與我見面。他要做一次阿拉斯加幻燈片的演講，急需一位籌辦的助手。

翌日，我和那位教授見面了——一位非常具有魅力的男人。他是一位好客、熱情、精力旺盛、胸懷大志，具備了所有成功條件的年輕人。我深信他是一位會成名和發財的人物。

當時，他正一步步地登上美國名人界的坦途；根據時代週刊的報導，年收入有二十萬美元呢！這個名叫勞威爾・傑克森・湯姆斯（Lowel Jackson Thomas）的人，大家都暱稱他為「東尼！」

一九三〇年，東尼每週有五日往來美國東半部地區，從不缺席地從事新聞節目的廣播。廣告業者長久地支持他的節目，而且，自從一九三四年起，他所主播的新聞影集更風行於全美各地。

前後十數年間所播放的《再會，明天再會》這個節目多達數千次；如果編輯成書，將不下千百冊。

初認識他時，他只是一位大學教授而已，且時常做一晚二美元或三美元的演講呢！然而他從沒沒無聞的人，爬上個人最高峰時，我都非常地注意他的發展。他謙遜、誠實、體諒的個性，始終不變。而且從不論人是非，全世界中，似乎找不到他的敵人。

東尼的一生，受雙親的影響頗大，雙親皆是教師，後來父親轉業行醫，年高七十仍在新喬治亞州執業行醫，最近也在海軍某單位，擔任內科及外科主治醫師。

東尼小時候非常喜歡閱讀旅遊及冒險的書刊。對於馬可波羅或麥哲倫的傳記，魯賓遜漂流記等小說，更是愛不釋手。於是，立志走遍天涯海角來寫一本自己的傳記，後來他實現了這個夢想，很少人能像他這樣吧！

他僅花數年的工夫，即走遍了歐洲、亞洲、澳洲各地，也追隨英國皇太子抵達印度；鮮為人知的阿富汗也曾留下他的足跡，回國時所帶回的照片，還是美國人拍攝的第一張呢！印度、緬甸、馬來西亞等政府，皆特別提供交通工具給他，連大象也被派上用場呢！他將各地的奇風異俗記錄成照片。

他所出版的書不下四十冊，這些書僅僅標題就足以駭人聽聞的。例如：《勞倫斯出阿拉伯記》、《攀越卡拜魯大峽谷》、《冒險大行進》、《殺不死的人類》

等等。

他不只喜歡旅行，也喜歡做旅行演講。因此，他接受許多的教育，包括印第安納州的馬魯派拉索大學（Balparaiso）、連馬大學（Denbar）、芝加哥的肯特律大學、普林斯頓大合計四個大學畢業。

實際上，他付不起任何一所大學的學費，因此利用暑假到處打工賺取學費。曾在科羅拉多州的印第安保留區牧羊割草、飼馬、挖金礦等等，爾後，也曾在芝加哥的報社擔任實習記者。

冬天，為了解決食宿問題，曾在餐廳當跑堂，有時也到教授住處幫忙擠牛奶，有時也做不動產的買賣、代課老師、偶爾也舉辦演講呢！

一九一五年，第一次世界大戰時，前往歐洲的旅客銳減。東尼想，目前正是介紹美國名勝古蹟的演講時機。雖然有了這個構思，但缺乏旅費、住宿費、照片費，他以過人的推銷手段，引人入勝的說服力，實現了這個構思，來自鐵路公司、汽船公司之經費支援，使他能從西部各地旅行到阿拉斯加。我曾聽他演講「阿拉斯加之旅」，果真令人耳目一新，尤其是風景照片美不勝收。

威爾遜的內政部長布蘭克林，聽了他的演講後更是難以忘懷。一九一七年，美國加入戰爭，向德國宣戰，布蘭克林說服威爾遜總統派遣東尼赴海外攝取戰爭的照片，然後以這些照片配上他的演講，喚起人們的參戰意願。

他毅然接項艱鉅的任務，但是在沒有薪水、沒有經費的支援下，困難重重……

但東尼卻以他舌燦蓮花說服了芝加哥的十八位富豪，募得十萬美元，使他能穿梭於世界各地，攝取第一次世界大戰各地前線的照片。經過十八個月出生入死的拍攝，他終於回到美國，這些逼真的照片或影片包括了法國、比利時、義大利、巴爾幹半島諸國、甚至還將奧里米將軍於巴基斯坦戰績的戰爭，一五一十地拍下。這是土耳其軍隊掃蕩耶路撒冷、伯利恆、拿撒勒的大戰役。然而最精彩的是有名的「阿拉伯的勞倫斯」。

「阿拉伯的勞倫斯」是一位沉默、內向的青年考古學家，他跟隨阿拉伯酋長們，向土耳其展開游擊戰爭；破壞土耳其的鐵路、交通運輸等行動。是第一次世界大戰中，最富傳奇性的英雄人物。

東尼帶著照片、影集，在紐約市第一劇場連續數個月的演講，造成空前的大轟動，甚至，英國也邀請他前往倫敦演講關於英軍在中東各地英勇的戰蹟。

很榮幸地，我與東尼有工作上的接觸，使我能目睹那些花了不少時間排隊購票，等待他演講的觀眾，數個月來，演講會場的哥本特劇場每天人潮的不斷，盛況空前，使得接檔的Grand歌舞劇的開演，一而再、再而三的被迫延遲。最後，演講會場移到Royal Albard Hall舉行，每晚聚集一萬五千至二萬五千名聽眾，「阿拉伯的勞倫斯」的事蹟，透過他的演講，流行整個英國。（按：後來名導演大衛・連，更將「阿拉伯的勞倫斯」搬上螢幕，成為電影史上重要的電影之一。）

前後數十年，東尼在世界各地做巡迴演講，聽過他演講的人，將近四百萬人，在英語系國家所作的演講，約有四千場以上。

一九三〇年，是東尼人生的一個轉捩點，讀者文摘廣播新聞節目，聘請他擔任每日新聞的報導藉此，他的名聲漸漸地在社會上傳開。每星期十多次的新聞播報、每週二深夜的新聞影集、每年二、三冊的出版物，以及數以萬千仰慕者的來信等等，這些繁瑣的事務，皆依靠他優秀的幕後工作群策畫處理，**他自己則珍惜每分每秒努力地工作。有一次，他快錯過了從倫敦開往澳洲的船班，於是，他一邊向書記人員口述筆記、一邊將車開往岸邊，越過欄杆時，仍然在敘述著，一直到攀上舷梯時，仍不停的說著。**

夜總會的宴會、上流社會的社交活動等等，無法引起他的興趣。騎馬、滑雪、足球等嗜好之中，他最愛滑雪，冬季時，一星期有將近五千英里的滑雪記錄。

他的妻子法蘭茜斯・萊恩是在連馬大學時代認識的美人。他唯一的兒子勞威爾・湯姆斯・喬利恩也是旅行家、探險家，尤其在滑雪方面更超越他父親。

在他的播報生涯中，曾發生一個小插曲，當他對著麥克風播報新聞時，突然發現短少了五頁原稿，播報時間尚多，只好播放音樂掩飾，這是秘書的疏忽，但他沒有任何責罵的語氣，反而向滿臉愧色的秘書說：「你是一個優秀的人才，這種事情！沒啥好責備的！」——**他那絕不亂發脾氣的個性，正是建立良好人際關係最成功的地方。**

大約發生在十年前，某日他在波士頓演講完畢，走下講台時，數名債主蜂擁而上，要他立刻償還欠款。原來他曾在二十年代時，借了幾百萬美金，由於時運不濟，造成嚴重的破產。債主夥同律師前來討債。他真誠地邀請債主到後台喝茶商談，一清二楚地清算帳目，然後誠心誠意的要求——讓他繼續演講，才有能力償還本息。這些原本怒氣沖沖而來的債主，回去時，個個都成了他的好友。

之後，東尼一文不欠地還清所有的負債。東尼就是這樣一個言出必行的人。

東尼的著作豐富，自傳《大家晚安》（一九七六）也聞名於世。《這是立體電影》曾得到美譽，但不知立體電影的發明是與他有淵源的，卻大有人在。

「第三部　大企業家」

- 美國大銀行家——摩根
- 鋼鐵大王——卡內基
- 石油大王——洛克菲勒
- 報業泰斗——赫斯特
- 大出版家——波克
- 鑽石大王——布雷迪
- 大軍火商——薩哈羅夫
- 紐約大富豪——伍爾沃斯
- 菸草大王——德瑞斯

1 美國大銀行家——摩根

他被稱為「美國最不善外交辭令的人」。但他富可敵國，也直言無忌

誰是當今世界上最有權力的人？

墨索里尼還是希特勒？這當然是見仁見智、各說各的。但是，有一件事卻是毋庸置疑的，那就是，在全世界的金融界，最有權勢的人無疑就是J．摩根——美國的金融領袖，銀行業的獨裁者，全世界股票、公債的操縱者。

然而，他個人的私事卻鮮為人知，我們可以毫不誇張地稱他為一位神秘人物，他一向避開人群，尤其對攝影記者反應冷淡。

當他動怒時就會表現得非常暴躁，簡直可以說是不顧一切。事實上，他是一位直言無忌的人，被稱為「美國最不善外交辭令的人」。

他身材高大，體重有二百多磅，這種健壯勇猛的體質使得他幾乎對一切都毫不畏懼。比如，有一天，一個瘋子闖進了摩根的辦公室，掏出手槍來準備向他射擊。摩根本來完全可以立即躲到另外一個房間裡去，逃過這一劫。但摩根卻沒有這樣做，相反，他徑直迎著那黑洞洞的槍管走過去，立刻「砰」的一聲槍響，子彈射中了摩根的腹部，但他仍然強忍著劇痛，蹣跚著向前走去，一下子把那個瘋子撲倒在地，並奪過了他的手槍。然後，他終因體力不支而轟然倒地，他的家人得知後趕忙把他送進醫院。

這一次槍傷離他的致命處僅僅相一英寸，死神與他擦肩而過。

如今，一位普通人想要走進這位世界金融之王的辦公室——紐約銀街二十三號，那座低矮而臃腫的衛城式建築——幾乎是絕對不可能的了。每逢旅行社的導遊領著遊客來到此地時，都忘不了把這座建築物被炸彈炸過的痕跡指給遊客們看。那是發生在一九一六年的一場恐怖事件留下來的唯一痕跡，那次故事導致四十人死亡，二百餘人受傷，財產損失達二百萬元。

那次事故發生在一天正午。當時正是下班時間，人們從各個辦公室走出來，沒有一個人留意摩根大樓對面的一匹瘦弱的老馬和一輛破舊的馬車。

突然，空中閃出一道紅藍夾雜的火花，緊接著就是一聲巨響，一個猛烈的爆炸，那幢高大的建築被震得搖搖欲墜。原來，是一枚裝有上百磅烈性炸藥的巨型炸彈爆炸了，街道上四處飛舞著炸裂的碎片。

成百上千個門窗被震得支離破碎，玻璃從樓上如暴雨一般傾洩到人行道上，被炸斷的胳膊、腿、甚至還有人頭從二、三十尺高的窗子裡拋了出來，落到地面上。很多人被炸得缺胳膊少腿，大街上血流遍地，叫喊聲、痛哭聲、呼救聲混成了一片。消防車、救護車的嗚嗚聲使這一悲慘紛亂的情景顯得更加可怕。在這場紛亂下來之後，那輛裝載著炸彈的馬車和那匹老馬只剩下了半個車輪和兩只馬蹄鐵了。

這一次陰謀所針對的目標是摩根先生，但他當時根本沒有在現場，而是在歐洲。他回來之後，發誓不惜任何代價一定要將這次恐怖事件的罪魁禍首緝拿歸案。

他懸賞五萬元巨款捕捉這次恐怖事件的策劃者。紐約警察廳、聯邦調查局、間諜以及私人密探全體出動，這是歷史上規模最大的一次緝捕行動。這次緝捕行動遍及全球的各個角落。離開美國口岸的船隻都要接受檢查，加拿大和墨西哥的邊境也在進行搜查，紐約、芝加哥以及其他大城市的黑社會，都受到了嚴格的檢查，以尋找線索。

此次緝捕的花費，已達到了救贖一位被綁架的國王的贖金，但結果卻是一無所獲。這件事到如今已經過去二十餘年了，而那次離奇的事件仍然還是一個謎。

如今，有兩個全副武裝的密探日夜守護在摩根辦公室的樓下，來確保摩根的安全；低矮的房頂上也鋪上了厚厚的防彈鋼板。在這所堅固、樸素的建築的密室裡，擺放著兩排桌子，一前一後排列者，像小學教室裡的桌椅。在這些椅子上，總共坐有摩根的十八位助手，在他們的最右邊——好像是校長在考場監考一樣，坐著這家公司的首領摩根先生。

歷史上再也沒有其他的私人銀行在世界各國的政治上掌握如此重要的大權。就是當年義大利佛羅倫薩的富商梅迪西或歐洲的巨富羅思柴爾德家族也不曾這樣威風過。羅思柴爾德家族從拿破崙手中拯救了歐洲；但是憑藉摩根一家的經濟力量，卻使得聯軍在這座命運多劫的星球上有史以來最為血腥的戰爭（指第一次世界大戰）中取得了最後的勝利。

令人意想不到的是，一九一五年摩根財團卻背上了巨額外債。摩根公司為全體聯軍在美國作軍需代理商。他們買了一批又一批價值十億元之巨的軍需品。這樣，他們在一個月之內花的錢甚至要多於全世界所有人在一月內的花費。

摩根在煙霧瀰漫的倫敦的生活習慣一如在喧嘩的紐約。他父親在世時，曾經營摩根公司倫敦分公司多年，在他回到紐約之後，便把英國人吃下午茶的習慣介紹給了美國人。

甚至直到現在，他在倫敦的格洛維諾廣場還有一所房子。他的所有僕人還一直留在那裡，以備他隨時到來，他有時候一連數月都不會去一次，但是，餐桌上仍舊要準備好開飯的陳設，煙囪照常冒著煙，他床上的床單也收拾得整整齊齊，隨時恭候他的到來。

摩根是美國聖公會的頂樑柱，然而，他長期同羅馬教皇十一世保持著通信聯繫。當他到羅馬的梵蒂岡時，他會和教皇促膝長談——你猜猜他們會談些什麼，他們談的內容是一些有關用中古時代的埃及文寫成的書籍。

摩根的私人圖書館裡藏有很多歐洲修道院教徒的手稿，它們的歷史比哥倫布發現美洲還要早五百多年。他收藏著極為珍貴的莎士比亞親筆寫的劇本。他還有一本稀世珍貴的《聖經》，這一本《聖經》價值二十萬美元。摩根對莎士比亞的戲劇和《聖經》的熟悉程度是舉世皆知的，不過，他也酷愛讀一些懸念迭起的偵探小說。

在藝術鑒賞上，摩根繼承了父親的遺風，他也是一位優秀的藝術鑒賞家。他在名畫、雕塑作品、瓷器、珠寶上所花費的錢財上億。每當他出售一件無價之寶時，紐約全城的報紙一定會在頭版頭條刊登這一新聞。

每年聖誕節前夕，摩根圖書館都會舉行一次奇特的儀式，摩根的兒孫們，以及少數親朋好友都會聚集在此，聆聽狄更斯的《耶誕歡歌》中的一段故事。不過在這裡，用的劇本可不是一般的印刷品，而是狄更斯親筆寫的那部小說的原稿。

摩根雖然稱得上是富甲天下，但是他的興趣卻很簡單。例如，他喜歡戴著一頂破帽子，身穿一件舊衣服在雨中散步，讓雨點紛紛灑落在自己的臉上。

摩根很愛他的太太，自從她於一九二五年去世以後，他讓她的房間一直維持著她生前的樣子，未做任何的改動。她患有一種奇怪的睡死病，摩根雖有億萬財富，卻無力挽救他所摯愛的人的生命。

他的太太對花卉情有獨鍾，她是一個要求其成員親自動手管理花園的協會的成員之一。摩根受到他太太的影響，雖然他是這個世界上最有錢的人，但他仍會穿上工作服，在他的私人花園裡鋤草、整理枝幹。

2 鋼鐵大王——卡內基

他從不名一文的窮光蛋變成了億萬富翁，並且塑造出許多的百萬富翁

安德魯·卡內基出生的時候既沒有醫生，也沒有接生婆，因為他們家窮得請不起。他最初替別人做事的時候每小時僅掙兩分錢——而他後來卻賺了四億美元。

一次，我到蘇格蘭的鄧弗姆林鎮去旅行時，還特意到卡內基出生的那個村庄去參觀過。他家裡只有兩間房子，樓下的一間供他父親在裡面幹紡織活，而他們全家都在樓頂上的一間又黑又小的房子裡吃住。

當卡內基全家移居到美國時，為了養家糊口，他的父親不得不挨家挨戶去推銷自己織的桌布；他的母親則為一家鞋店刷洗縫補鞋子。安德魯只有一件襯衫，因此，他的母親必須每晚等他睡下之後，趕忙把它洗淨、晾乾、熨平，以便明天他能接著再穿。她一天的工作時間達到十六到十八小時。安德魯很孝敬母親。在他廿二歲時，他發誓在他母親的有生之年自己絕不娶妻，他確實也做到了這一點，母親在世的這幾十年間，他一直都是孤身一人。他直到五十二歲才結婚，他唯一的獨生子

出生時，他已經是六十二歲高齡了。

當卡內基還是個小孩子時，他就常對母親說：「媽媽，等我將來有一天發了財，你就可以不必再如此操勞了，我要給你雇許多僕人，我還要給你買最好的絲質衣服，並專門為你買一輛車子。」

他經常說，他的思想是母親給他的，他成就偉大事業的主要動力是對母親深深的敬愛。他母親死後，他悲痛不已，以至於在其後十五年內，一提到他母親的名字就會忍不住淚流不止。有一次，他還替蘇格蘭的一位老婦人償還了一筆典當房子的欠款，原因僅僅是因為這位老婦人長得很像他的母親。

安德魯．卡內基被稱為「鋼鐵大王」，然而他對於冶煉鋼鐵的學問卻知之甚少。但他手下卻有數百甚至數千位鋼鐵專家為他工作，使他得以致富的唯一原因便是他能夠知人善任。他在很年輕的時候就表現出了優秀的組織能力和領導才能，這種才能使別人樂意替他工作。

當卡內基還是蘇格蘭一個鄉下窮小子的時候，他捉到了一隻母兔，這隻母兔不久便生了一窩小兔子，但是他卻沒有東西來餵牠們。在這種情況下，小卡內基忽然心生一計。他對那些鄰居小孩子說，如果誰能弄來金花菜、車前草來餵養他的小兔子，將來他就用誰的名字來稱呼這些小兔子，以作為對他的榮譽紀念。這一計策果然非常奏效。

後來，卡內基在自己經營企業時，也運用過同樣的心理策略。舉例來說，他打算將鋼鐵賣給賓西法尼亞州鐵路公司，當時該公司的經理是湯姆森。於是，卡內基便在匹茲堡城建造了一個廣大的鋼鐵廠，並把這個鋼鐵廠命名為「湯姆森煉鋼廠」。自然，湯姆森非常高興，不經勸說就買下了以自己的名字命名的煉鋼廠出產的鋼軌。

卡內基早年在匹茲堡曾做過負責遞送電報的工作。每天的工資只有五角錢，當時這五角錢在他的眼中已經是一筆數目很多的錢了。由於他是剛到城裡，人生地不熟，生怕丟了飯碗。於是，他就把該城商業區的每家公司、商店的字號、地點都牢記在心，以免送報時出什麼差錯。

他希望自己能夠成為一名接線員，因此他晚上自學電報，每天早晨提前跑到公司，在機器上練習。一天早晨，公司忽然收到了一份電報。這是一份從費城發來的緊急電報，但是當時接線員都還沒有上班，於是卡內基立刻跑去代為收了下來，並趕緊將其送到了收報人的手中。之後，他就被提升為接線員，薪水也增加了一倍。

在做了接線員以後，由於他工作勤勉，態度積極認真，因此引起了公司的注意。後來賓西法尼亞鐵路公司建立了一條某段專用的電報線，卡內基被指派為接線員，隨後被升為監理的私人秘書。

使他走上致富之路的是一個偶然的機會。一次，在他坐火車去某地的途中，一位發明家坐在他的身邊，拿出了自己發明的新臥車模型給他看。當時的臥車車廂非常粗糙，幾乎就是將幾個床鋪焊在貨車車廂裡，而這位發明家的這種新型臥車與現代的普爾曼式國際臥車非常相似。

卡內基身上具有的蘇格蘭人特有的機警和遠見，使他預見了這項發明必將前途遠大。於是，他借錢購買了那個公司的股票。當時該公司的股票利息非常優厚，當卡內基廿五歲時，他每年從這筆投資中所拿到的分紅就達五千元。

有一次，由於鐵路線上的一座木製橋樑被燒毀了，使得火車中斷通行。卡內基當時身為該段鐵路的監理，他覺得木製橋樑已經無法適應時代的發展了，將來必將被鐵橋所代替。於是，他借錢開辦了一家製造鐵橋樑架的公司。果不其然，他們生產的鐵橋樑架大受歡迎，財富頓時滾滾而來，勢不可擋。

卡內基廿七歲時幾位朋友合資了四萬美元，在賓西法尼亞西部的油區買了一塊地，後來，他們發現這塊地每年竟然能出產一百萬元的石油。這時，他每週的進款已經達到了一千元，而在十五年前，他每天只能掙兩角錢。

卡內基的鋼廠不停地工作著，他的錢財像漲潮一樣上升，直到他的錢財多得簡直到了讓人不可思議的地步。人類歷史上，還從未有人想過能得到這麼多的財富。

然而，他從來不會埋頭苦幹。他把大約一半的時間都用在了消遣上。他說，他的周圍有許多助手，他這些助手所懂得的東西要比他多得多——而他只需督促他們為他聚財。他是蘇格蘭人，但並不像蘇格蘭人那樣愛財如命。他讓他的同伙分享自己的利益，由他造就的百萬富翁的數目比其他任何人所造就的都要多。

他一生只在學校待過四年，但他卻寫了遊記、隨筆、傳記等八本書。卡內基是個樂善好施的人，他曾捐贈給國家圖書館六千萬元，為高等教育捐了二千八百萬元。

他對彭斯的所有詩集都爛熟於心，並能背誦莎士比亞的《馬克白》、《哈姆雷特》、《李爾王》、《羅密歐與朱麗葉》及《威尼斯商人》等劇本。

他並不是任何教堂的教徒，但他捐給教堂的大風琴就有七千架。

他花掉的錢加起來有三．六五億，這就相當於在一年中他每天要花去一百萬。後來，全國的各大報紙都舉行了有獎策劃活動，為卡內基徵求妥善、合理花費他的巨額財產的方案。他曾經說過：「**抱著財富而死，是一種恥辱。**」

3 石油大王——洛克菲勒

一位太太當初料定他日後不會有什麼出息，拒絕把自己的女兒嫁給他，但他日後卻成了大名鼎鼎的石油大王

石油大王洛克菲勒一生曾經做過三件驚人的事情：

第一，他賺的錢幾乎是歷史上最多的。他在最初創業時，是在烈日之下給別人挖馬鈴薯，一小時賺四分錢。而後來，當在所有的美國人中間，資產超過一百萬元的富翁還不到五、六位的時候，洛克菲勒所賺的錢就已經達到了十到二十億。

然而，他愛上的第一個女孩卻拒絕接受他的愛情。這是為什麼呢？因為那個女孩的母親當時看不起洛克菲勒，斷定他將來不會有什麼作為，她認為如果自己同意了這門婚事就無異於把自己的女兒往火坑裡推，她當然不願意這樣做。因此，她毫不客氣地將這位未來的石油大王拒絕了。

第二，他所花出去的錢比當時任何人所花的都多：他一生總共花了七・五億，這也就是說，自從耶穌降生以來，他每分鐘都要花費七角五分錢，或者是自從三千五百年前摩西帶領以色列人民渡過紅海至今，他每天都要用去六百元。

第三，洛克菲勒仍然健在。他是最令美國民眾嫉恨的一個人；他曾經接到過數千封恐嚇說將要置他於死地的匿名信；他日夜都受到全副武裝的貼身護衛的保護；他為開創與管理他的巨大事業費盡心血。

事業操勞過度使鐵路大王哈里曼在六十一歲就離開了人世。

創辦「五分一角」聯合百貨公司的富豪伍爾沃斯，在六十七歲時因心力交瘁而死。

資產數億元的煙草大王德瑞斯．杜克，死時也才六十八歲。

但是，石油大王洛克菲勒所賺的錢比哈里曼、伍爾渥斯和杜克三人加在一起的還要多，然而到如今他還健康地活著，雖然已經是九十六歲高齡了。在一百萬白種人當中，只有三千人能夠活到九十七歲，而且一百萬人之中沒有一個人到九十七歲時還不用戴假牙，但是洛克菲勒的嘴裡卻連一顆假牙也沒有。

他這樣的長壽秘訣是什麼呢？也許他是天生長壽。除此之外，他還有一種非常鎮定恬靜的性情，他從來都是不急不躁的。

當他擔任美孚石油公司的經理以後，在他百老匯街廿六號的辦公室裡，放著一把長椅，不管有多麼重要的事情，每天中午他都要睡半個小時的午覺。就是現在，他一天仍要小睡一次。

洛克菲勒在五十五歲時突然得了一場大病。但這對醫學史來說是最難得的一個機會。由於洛克菲勒生病，他拿出了數百萬元的巨款作為醫學的研究費用。由於他身體的衰弱，洛氏財團每年都要拿出一百萬元來增進全世界人類的健康。

一九三二年，我在中國，當時中國正鬧著嚴重的霍亂，我去北京洛氏財團所設立的協和醫院打防疫針。在那時我才明白，洛克菲勒給世界各地人民所謀的福利是何等巨大。洛氏財團曾致力於消滅全世界的鉤蟲病；曾戰勝了瘧疾；曾發明了黃熱病的注射用藥品。

洛克菲勒賺的第一塊錢，是幫助他的母親養殖火雞。時至今日，他還在他的八千英畝的農場上養了一窩火雞，為的是能喚起他對童年時代的回憶。

他把母親給他的小硬幣全部收了起來，放在壁爐上的一個茶杯裡。他曾為一個農場工作，每天的報酬是三角七分錢。就這樣，他靠做工賺到的工錢加起來總共有五十元。他把這五十元借給他的雇主並收取七厘的利息，結果發現他一年所得的利息相當他做十天苦工所得的酬勞。

他說，**從那時起，他就決心要讓金錢做他的奴隸，而不是他做金錢的奴隸**。

儘管洛克菲勒財富驚人，但是他並沒有因為有錢而慣壞他的兒子。舉例來說吧，他在修整住宅的柵欄時，讓他的兒子搬木材，每搬來一根柵木給他一分錢。那一天，他的兒子搬了十三根柵木，就得到了一角三分錢。洛克菲勒又讓他的兒子動手修理柵欄，每小時給一角五分錢的工資，他的母親向他學習小提琴，每小時給他五分錢的報酬。

洛克菲勒沒有上過大學。他中學畢業之後，曾在一個商業學校上了幾個月學。他在十六歲時就放棄了一切學校的功課。然而後來他卻捐贈給芝加哥大學五千萬元。

他一直對教會非常感興趣。他年輕時曾在星期學校教過書。他不會跳舞，不會玩撲克牌，沒有去過劇院也不曾喝酒或吸煙。每頓飯前他都要祈禱，每天都要讀一段《聖經》。

洛克菲勒的財富在不斷增長著，大約每分鐘可增加一百元，然而洛氏唯一的願望就是能活整整一個世紀。他還說，如果到一九三九年七月八日，也就是他一百歲誕辰時，他還活在人世，他一定要在他的莊園裡組織一支樂隊，來為自己遊行慶祝，並且演奏《麥姬！當你我都還年輕時》這首曲子。（洛克菲勒於一九三七年逝世，享年九十八歲）

4 報業泰斗——赫斯特

他雖然通過繼承三千萬美元的巨額財產而成為千萬富翁，但他從未停歇過，五十年如一日，每日持續工作十五小時

你有沒有想過，如果你擁有一百萬時，你將如何使用這筆錢？威廉．倫道夫．赫斯特每個月就有一百萬進賬——他每天的收入達三萬元。當你在閱讀這篇短故事的幾分鐘裡，他大約又會有一百元進賬。

沒有一個人叫他威廉．倫道夫．赫斯特或威廉。甚至他最親近的朋友也只叫他「W．R」，而他手下的七萬員工在談到他時，都是說我們的「頭兒」。

他經營的種類高達廿四種，出版的雜誌總計九種，擁有讀者幾百萬。他是世界上最富有、最有影響力的出版家，他的名字在美國可謂是盡人皆知，家喻戶曉，然而他卻是一位很神秘的人。一般人對印度偉人甘地的私人生活的了解，也要比對赫斯特的了解多很多。

最令人驚訝的是，身為全美出版大王的他，竟然是一位相當沉默且羞澀的人。半個世紀以來，他不斷應邀在各種公共場合發表自己的觀點。但事實上，他非常不願意見陌生人。平時，他總會邀請十到六十位客人住在他加州的豪宅裡。他認為最有趣的消遣，便是悄悄地離開他們，獨自去玩牌。當他到了紐約之後，他最感興趣的事就是逛街。

美國西部規模最大的產業就是赫斯特在加州的牧場。這個牧場足有廿五萬英畝，從海岸線開始一直延伸到內陸五十英里開外的地方全部都是他的。

他在海拔二千公尺的山頂上建了一座壯觀的摩爾式城堡，並取名為「迷人的山巒」。他花費數百萬元巨款對這座城堡加以裝飾，城堡牆上掛的是當年掛在法國城堡裡的壁毯。幽靜的大廳裡掛著歐洲名畫家林而蘭、魯木斯以及拉斐爾等人的珍貴名畫。在他招待朋友的大餐廳的周圍，擺放著珍貴的藝術品。不過吃的東西卻沒有什麼特別的，用的也是一些普通的紙餐巾。

赫斯特對動物有著濃厚的興趣，他養了許多野獸，當年的馬戲大王巴納姆的馬戲團也無法與之相比。成群的斑馬、水牛、豹子、袋鼠在山上亂跑亂叫；在樹林中有數千隻奇形怪狀的鳥兒亂飛；雄獅和老虎在他的私人動物園裡不停地怒吼。

我的一位朋友梅森先生專門到法國為赫斯特購買古董。赫斯特時常購買一整船的藝術珍品，有時甚至會把一所城堡整個買下來，然後再把它們拆下裝箱運回美國。每一塊石頭、磚瓦、木材都編號註明，然後他再依照原樣把它們重建起來。

他買的藝術品實在是太多了，後來他不得不在紐約買了一個大倉庫存放那些他用不上的東西，這個倉庫雇用了二十位工人，每年所需的經費是六萬元，而這裡邊所存放的物品，從布穀鳥報時鐘，到埃及出土的木乃伊等，簡直是無奇不有。

赫斯特的父親是密蘇里州的一個農夫。在一八四九年興起淘金熱時，他跋涉了二千里跟著一隊牛車，一路抵抗著印第安土著人的攻擊，終於到了西方發現了金礦，成為一名百萬富翁。到他年老時，總喜歡在自家院子裡的一棵大樹下休息。後來，赫斯特發現這棵大樹恰好擋住了他從窗戶眺望大海的視線。赫斯特不忍心砍掉老父親所喜愛的那棵樹，結果他花了四萬美元，請植樹專家把那棵大樹移了三十尺。

他非常喜愛鳥獸。一次，好萊塢的電影公司的一群製片人特意坐飛機來與赫斯特針對一件重要的事情進行商談，他卻因為要照顧一條掉了半截尾巴的蜥蜴而讓他們等候了很久。還有一次，他深夜派人乘自己的汽艇去接一位名醫來治療一隻斷了一條腿的袋鼠，並花了五百元的醫藥費。

赫斯特現在已經七十多歲了，但他還能打網球，甚至還能做劇烈運動。他已經打了四十年的網球，但現在他為了提高自己的球技，仍在不斷地學習。他是一位優秀的業餘攝影師，每年他都會拍攝幾千張照片。他還喜歡打獵，有一天，和朋友坐汽艇在海中遊玩時，他一手持槍，只見他的手隨便一抬，「砰」地一聲一隻海鷗就被擊落了，而且是準確地擊中了海鷗的翅膀。

他喜歡跳踢踏舞，也擅長模仿和講故事。他的腦袋簡直就是一個百科全書。如果你問他英國亨利八世的許多后妃的芳名或美國歷任大總統的名字，恐怕一百次中你也不會碰到一次他犯難的時候。

有一次，吉姆・沃克和著名喜劇演員查理・卓別林到赫斯特的牧場上去拜訪他，他們為《聖經》中一段內容的準確措辭而爭論不休，結果赫斯特把這一段話逐字逐句背了下來，從而結束了這場爭論。

他喜歡和年輕人在一起，他不允許別人在他面前提到「死」字。

他父親給他留下了三千萬的遺產，他本可以悠哉悠哉地逍遙一世，但是他五十年來，每天都要工作八到十五小時，五十年來從不間斷。他曾公開表示：除非有一天上帝要召他去了，否則他堅決不退休。

5 大出版家——波克

在波克年僅十四歲的時候，就結識了美國許多最偉大的名人

有一天，一個飢餓的小孩從學校回家，在經過一個麵包店時，站在窗外，注視著裡面誘人的熱圓餅和雞蛋糕。

麵包師從店裡走出來對他說道：「很好看吧，不是嗎？」

這個流浪到美國的荷蘭小孩回答道：「如果窗子再乾淨點，就更好看了。」

那個麵包師說：「哈，也好，那麼你肯幫我把窗戶擦乾淨嗎？」

這就是愛德華．波克所做的第一份工作。雖然當時他每星期僅能掙到五角錢，但這些錢在他眼裡，卻是一筆不小的財富。因為當時他的家庭可以說是窮困潦倒了，為了生活，他每天都要提著個小筐到處去撿那些從拉煤車上掉落的碎煤。

波克剛到美國時還不會說英語，以至於在課堂上無法聽懂老師說了些什麼。他一生在學校接受教育的時間加起來還不到六年，然而，後來他卻成了美國新聞史上最成功的雜誌編輯之一。

他承認自己幾乎完全不懂婦女們真正想看的是什麼，然而他卻創辦了世界上最大的婦女雜誌，並且雜誌辦得非常成功，到他退休的那個月，那份雜誌賣出去了約二百萬冊，每一期的封面上一個單頁的廣告收入就高達一百萬元。

波克擔任《婦女家庭》雜誌編輯長達三十年之久。在他退休之後，他將自己一生的故事寫成了一本書，名為《愛德華．波克在美國的經歷》。

自從替麵包店擦過窗戶之後，波克又用那些集郵愛好者蒐集絕版郵票的勁頭去尋找工作。他在星期六的早晨出去賣報；星期六下午和星期天向那些坐馬車旅行的客人們兜售冰水、檸檬水；到了晚上，他就為報社寫各處舉行的生日宴會以及茶會的新聞報告。他每星期大約能夠賺到十到二十元，這完全是他在課餘時間的工作收入。當時他只有十二歲，到美國還只有六年的時間。

他在十三歲時就輟學了，到西聯電報公司做了一名辦公室的清潔工，但他時刻都在想著讀書。於是他開始了自學的歷程：他把車費和飯錢節省下來，直到夠買一部《美國名人傳記全書》。同時，他還做了一件前所未有的事：他在讀完許多名人的生活紀事之後，就寫信給他們，請求他們再給自己多講一些關於他們童年的經歷。

他寫信給不久後當選為美國總統的加菲爾德將軍，問他小時候是否曾經在運河的托船上做過事。他向格蘭特將軍寫信詢問某次戰爭的情況。於是，格蘭特在回信中為他畫了一張軍事地圖，詳加解說他所提出的問題，並且還邀請這個十四歲的小孩一同吃晚餐，和他談了整整一個晚上。

這個在電報公司辦公室工作，每週賺六元二角五分錢的小孩，就是通過這種方法，沒用多長時間竟結識了當時的眾多名人。他曾拜訪過傑出的詩人愛默生、宗教家布魯克斯、名作家霍姆斯、詩人朗費羅、林肯夫人、《小婦人》的作者奧爾科特、謝曼將軍和名演員約瑟芬．傑弗遜。

一天，他在街上看見一個人打開一盒香煙，把香煙中附贈的一張人物照片取出後，隨手就把它揉成一團扔掉了。他撿起那張照片仔細端詳了一番。那是一張政治家的照片，但是在照片的背面是一片空白。波克想：「如果在這張小紙片上將這位名人的小傳也寫上的話，它大概就不會被人隨便扔掉了。」

波克想到這裡，忽然心生一計。第二天吃完中飯後，他就找到了印有那張圖片的公司。他想辦法拜訪了那裡的負責人並給他談到了自己的想法。他極其誠懇、熱切地向他講述了這項工作的必要性。結果，在臨走之前，他就得到了一個合同，為一百張名人圖片寫一些簡略的傳記，他寫每個小傳可得的報酬是十元——也就是說一個字一角錢。不久他便被委託寫更多的名人小傳，以至於他忙得不可開交。於是，他就找了幾個人來幫忙，每個傳記給別人五元報酬——他從中賺取一半。

後來，他把在電報公司的工作辭掉了，開始專心從事印刷事業。他去費城接手《婦女家庭》雜誌的編輯事務時只有廿六歲，一直到他五十六歲，在那三十年的時間裡，他為自己在美國新聞界奠定了一個舉足輕重的地位。當然，他賺了很多的錢，然而一個人的成功並不能只用金錢來衡量。讓我們來看看愛德華·波克對於普通人都做過什麼重大的貢獻。

我們先從你每天所吃的食物說起。由於他大聲疾呼食物清潔法規，現在人們吃的東西更衛生和便宜了。現在你居住的城市與以往相比，毫無疑問清潔了很多，這是因為他曾拚命攻擊當時城市中到處都是的那些污穢難看的垃圾堆。

現在，你們住的房屋與以前相比，更美觀、更適宜居住了，這是因為他曾強烈批評過維多利亞時代那些醜陋的建築。當時的房屋過於講求裝飾而顯得雜亂無章，而且價格也非常昂貴。波克第一個帶頭聘請最好的建築設計師，來設計美觀適用而又價廉物美的住房。在這件事情上，他大獲成功，因此，羅斯福總統曾對他說過：「**對美國的建築有重大貢獻者，除了愛德華·波克外別無他人。**」

在他退休後直到去世的十年時間裡，他便著手綠化環境的運動。他從祖國荷蘭運來許多樹苗，種植在街道兩旁，使人看了賞心悅目。他還提倡在所有鐵路車站上種上好看的玫瑰花。但他最著名、最永久的紀念物，是位於佛羅里達州的神奇的「鳥鳴塔」。起初，那裡只是一片不毛之地，如今卻變成了綠樹成蔭、鳥聲不絕於耳的天堂。樹林中矗立著一座粉紅色大理石砌成的二百英尺高的鐘樓，在陽光的照耀下，它的影子倒映在如鏡的湖面上，煞是美麗。

6 鑽石大王——布雷迪

鑽石大王布雷迪是那麼富有並受人矚目，然而，他卻打了一輩子光棍

在第一次世界大戰期間，鑽石大王吉姆．布雷迪，這位百老匯的闊佬與世長辭了。他的逝世使紐約上流社會失去了一位罕見的怪人。他在世時大宴賓客的盛宴是繼古羅馬君王在夜鶯的甜美歌聲中消亡以後絕無僅有的。

有時他會在一天當中在紐約城同時開設五座盛宴。這種盛宴的時間往往能夠持續達十七個小時之久，耗資達十萬元之巨。他還喜歡在宴會上贈給來賓許多小巧的禮物，如鑽石胸針、鑽石懷錶等等，每件都價值上千元，讓客人帶回家去留作紀念。

布雷迪的父親曾經在紐約市的河邊開過一家小酒館，他就出生在這家小酒館樓上的一間破屋子裡。布雷迪小時候，在認字之前就認識了開酒瓶的軟木塞。然而他本人一生卻連一滴酒也沒有喝過。在他獨霸百老匯的時期，他每天在美酒上花費了上千元，他在宴會上開過的香檳和美酒比萊茵河的河水都要多，但是他卻把這些全部贈給了自己的朋友。最後當他的朋友們在宴會上喝得酩酊大醉，都趴倒在桌子上時，他卻坐在一旁喝著淡啤酒解渴。

他的體重高達二五〇磅，他非常喜歡吃，而且食量很大，他每頓晚餐要吃十五道菜，有些菜往往還要兩三份。隨後，他還要再吃上一磅巧克力糖，還得帶著一盒薄荷糖去劇院。他每星期贈送給朋友們幾百盒糖果。他每月買糖果就要花費兩三千元，他憎惡茶和咖啡，但是卻嗜飲橘子汁。在他還未把餐巾塞到肥胖的下巴之前，他已經喝下了一加侖橘子汁，隨後在吃菜時，他常常又會喝下一加侖橘子汁。有一次，他一頓飯就吃了六隻雞。這似乎是一個奇談，但是當他年老時，有一次他生病，醫生給他開刀治病時，發現他的胃的確比一般人要大上五、六倍。

鑽石大王吉姆．布雷迪的巨額財富是怎樣賺來的呢？他是這個競爭異常激烈的國家歷史上最傑出的推銷員。此外，他的運氣也的確很好。在美國的鐵路還在使用木質車廂的時候，他就開始推銷鋼質車廂了。美國的交通不斷擴張，鐵道自東至西橫亙全美，從加拿大到南部海灣到處都在修鐵路。

鋼車在當時還處在試驗階段，幾乎沒有人買它。因此公司與他簽訂的推銷合同異常優厚，每賣出去一輛車，他就能夠得到百分之三十佣金。不久，全國的鐵道都改用鋼車了，他們全都得摘下帽子來向吉姆．布雷迪說好話才訂購得上。因為當時他是絕無僅有的賣鋼車的人，沒有競爭對手，他僅從賣鋼車這一項生意中就賺了一千二百萬。他正是那個時代的產兒，假如他晚生五十年，再讓他推銷鋼車只怕連每天的菜錢也賺不到。

他在全美從斯考西根到聖菲的知名度之大，是自馬戲大王巴納姆以後聞所未聞的。他把自己的身體全部用鑽石裝飾起來。他每天換一套珠寶，這些珠寶在一個月中不會重複。他時常會在一天中換六次珠寶。他在百老匯高視闊步時渾身上下佩戴著二五四八顆閃耀奪目的鑽石，還有九十顆紅寶石，他的襯衣扣針全部用寶石磨成腳踏車或車的形狀，就連他的袖口鏈也全部用寶石刻成火車頭或貨車的樣子。

他在花費他的錢財上想盡了一切稀奇的方法。他在新澤西州一塊田地上養了一些奶牛，每逢慶祝節日時，擠的牛奶都盛放在鑲金的奶桶裡。他的撞球桌上嵌著瑪瑙和琉璃。他的撲克牌籌碼是用瑪瑙和珍珠製成的，他花費三十三萬元巨款聘請一位設計師為他的房子裝潢。每年他都要把用過的家具贈給朋友，他自己再買新的。

他贈給當時的當紅女性莉蓮．拉塞爾一輛腳踏車，上邊鑲著赤金和數百顆鑽石，以及紅綠青色的寶石。當莉蓮女士騎著那輛車子去紐約五號街時，竟導致觀賞的人把街上的交通都堵塞了！

鑽石大王吉姆共有五千條手帕和二百套衣服，而且他絕不允許自己不穿阿爾伯特王子的服裝，頭上沒有戴絲質禮帽就出現在公眾場所。他每次去公共場所都穿禮服、戴絲質禮帽，即便是坐著鐵道手搖車（一種老式的交通工具）到鄉下去，（那裡除了野狗之外，沒有人能看到他），他仍要穿上禮服，戴著煙筒式的高帽子，並握著他那嵌著鑽石的手杖。

鑽石大王吉姆出手闊綽，好多年來，他隨便地把大把的錢借給所有向他求助的人。他當然知道這些都是有借無還的，但他卻毫不介意。他說：「做為一名博施者是很有趣的，如果你有能力的話。」

到他知道自己即將離開人世時，他發現自己手中還保存著別人向他借錢時打的欠條，這些欠條加起來一共有二十萬元；他有生之年做的最後一件事就是將那些借條全部燒掉，免得人們擔心他會向他們討債。他說：「**假如上帝召喚我，我就去死。我絕不會在死後給任何人留下麻煩和痛心的事。**」

他死後，他曾經擁有過的那些巨額財產大部分都捐給了慈善事業。他的鑽石、珠寶總共價值二百萬。這些鑽石、珠寶後來都拍賣出去了，因此可想而知，現在許多貴婦所戴的珠寶、鑽石當年都是豪華蓋世的鑽石大王的財產。

布雷迪是那麼富有並受人矚目，然而他卻打了一輩子光棍。他曾經拿著一百萬獻給莉蓮．拉塞爾，求她嫁給他，但遭到了她的拒絕。他曾說：「世界上不會有哪一個女人願意嫁給我這樣的醜八怪。」說完之後，就把頭趴在桌上，像孩子般大哭了起來。

7 大軍火商——薩哈羅夫

一個在學校只待過五年的人，後來卻成了牛津大學的博士

你知道全世界最富有、最神秘，並且最受人猛烈譴責的人是誰嗎？

他就是巴茲爾．薩哈羅夫。二十年前，政府曾懸賞萬元去刺殺他。描寫他一生的書籍不計其數。他是國與國之間普遍存在的猜疑和仇恨，所造成的最為奇特的現象之一。

在薩哈羅夫出生時，他的家境極為貧困，但他日後卻積蓄了一筆世界上無與倫比的巨額財產。他這些無數的錢財是怎樣得來的呢？——靠的是出售機關槍、大炮和烈性炸藥。

「一百萬人的墓碑，將成為他的紀念碑——他們死去時的呻吟慘叫，就是他的墓誌銘。」——這是關於他的傳記的開頭。

當他廿八歲時，他得到了一份售賣軍火的工作，每個星期掙上廿五元（外加一定的佣金）。當時他是住在希臘，他知道，賣軍火的唯一法門就是要創造出人們對它的需要。於是，他千方百計地激起希臘的恐懼，告訴他們已經被凶惡殘忍的仇敵所包圍了，他們必須購買槍炮來防禦敵人、保衛祖國。

這是五十多年以前的事情了。戰爭迫在眉睫，恐懼席捲了希臘全國，激起了希臘人民的戰爭熱情。

一時間，軍樂高奏，國旗獵獵，演說家慷慨激昂地對人民發表演說。希臘當局立即著手擴軍戰備，並從薩哈羅夫那裡購買了大批的軍火，其中還包括一艘潛艇——這可是希臘歷史上第一艘潛艇。

這筆軍火生意使得薩哈羅夫獲得的佣金達數百萬。然後，他又跑到土耳其人面前說：「看看希臘人都在做什麼事吧。他們正準備把你們從地球上驅逐出去啊！」

於是，土耳其也購買了兩艘潛艇。兩國的軍備競賽不斷升級，而薩哈羅夫卻從中淨賺三億美元，不過這些錢卻浸透著無數人的鮮血。

一連半個多世紀，薩哈羅夫致力於蠱惑、煽動國家之間的恐懼氣氛，刺激各國挑起戰爭。當日俄交戰時，他同時向這兩個國家販賣軍火。在西班牙戰爭爆發之際，他賣給西班牙的槍炮讓許多美國士兵喪命。一次大戰開始後，他持有德、英、法、俄、義各國軍工廠的股票。因此，他的財富增加的速度簡直令人難以置信。

一連半個多世紀，他都像一隻狡猾的狐狸一樣，悄悄地在歐洲的各種軍事機關出入——他的行動絕對保密。

據說，他僱用了兩個相貌酷似他的人，這兩個人唯一的任務便是以薩哈羅夫的身分在公共場所拋頭露面，這樣可以讓各家報紙發表他在柏林或是在法國蒙地卡羅的消息。其實，他當時卻在另外一個城市進行他的秘密工作。他不願意照相，也從不給記者接見的機會，對在他頭上堆積的各種非難與指責，他全都不在乎。他從來都不為自己辯護，對自己的行為不作任何解釋，永不反駁，永不回答。

廿六歲時，高大英俊的薩哈羅夫愛上了一個十七歲的女郎。他在從典雅至巴黎的旅行途中，在車上和她相遇，並當時就想和她結婚。但不幸的是，她已經嫁給了一個比她年齡大很多，並且精神失常的西班牙公爵。因為她的宗教信仰，離婚是不可能的，因此薩哈羅夫只有耐心地等待——他等了她幾乎有半世紀之久。

終於在一九二三年，她的丈夫死在了瘋人院裡。一九二四年，她終於能和薩哈羅夫結婚了，此時她六十五歲，而他已經七十四歲了。他們結婚兩年後她就去世了。她做了他四十年的情人，卻只做了他十八個月的妻子。

薩哈羅夫去世前一直在巴黎附近一所富麗堂皇的別墅裡，可是，他的出生地卻在土耳其一個遙遠而偏僻、連窗戶也沒有的茅屋裡。童年時，他睡在污穢的地上，兩隻腳上捆著破布保暖。他經常挨餓。他只接受了五年的學校教育，但他後來卻能說十四種語言，牛津大學還曾授予他「民法博士」的榮譽頭銜。

一九〇九年夏季的某一天，這位歐洲的神秘人物在巴黎一家著名的動物園裡散步，他看見園中的猴子大都有疥癬並且一副病懨懨的樣子，就連這家動物園最為著名、平時威風凜凜的獅子，也正遭受風濕的折磨，對此他深感震驚。動物園到處都是衰敗、淒涼的景象。後來他找上了該動物園的經理後，進行了強烈的譴責。

那位經理並不知道自己正在和世界上最富有的人講話，便毫不客氣地回答說，動物園變成現在的模樣，這是他也不想看到的，但是他卻沒有維持這些動物所需的五十萬法郎。薩哈羅夫聽了後說道：「好吧，如果這就是你所需要的，那我給你。」

於是，薩哈羅夫簽了一張五十萬元的支票來作為維護這家動物園的經費。那位經理因為辨認不出支票上的簽名，還以為這位陌生人是在與他開玩笑，就把這張支票隨便地和別的廢紙扔到了一邊，以至於最後把它給忘了。直到幾個月後，他偶然把那張支票拿給一個朋友看，令他大為吃驚的是這張支票竟然是真的，簽支票者是當時法國最富有的人。

薩哈羅八十五歲時與世長辭，那時的他成了一個孤獨可憐、年老體衰的病人，坐在輪椅上，由他的僕人推著。這時，他一生的幸福時光就是在那長滿了玫瑰花的花園裡度過的。他寫了大半生的日記，還寫了五十三本書，據說他讓別人把所有有關他自己的這些秘密記錄在他死後全部毀掉。

8 紐約大富豪——伍爾沃斯

他被認為愚蠢而拿不到薪水，後來卻建造世界第一高樓

這是幾十年前的事了。在紐約州的瓦特頓附近，有位男子正在農場工作。他非常貧窮，一年中，幾乎有半年的時間是打著赤腳的，更甭說有餘錢可以買件外套以度過寒冬。

但是，貧窮對他非常有激勵的作用，助燃了他激昂的意志，他很討厭農場的工作，想做一位售貨的商人。那時，他二十一歲，騎著一匹老弱的馬，往紐約州卡士達鎮去。沿著一間間的店鋪，想要謀得店員一職；然而，沒有人願意雇用他。因為他是鄉下來的笨傢伙。連把頭髮梳齊、將襯衫打上領帶的基本禮儀都不會。

他偶然遇見一位鐵路局的站員，這位站員以開食品店為副業，他以無薪受僱於這名站員——因為他沒有經驗。

不久，受雇於布料店，然而卻不能接待客人。老闆似乎認為——他必須大清早到店裡升爐火。然後做掃除工作、洗窗子、送貨。只有在客人絡繹不絕時，才可以接待客人。而且半年內不能領薪。他回答——我在農場工作十年，才存了五十美元。這些錢或許可以維持三個月的生活費用，那麼至少從第四個月開始，請付我日薪五角吧！和老闆商量的結果，終於答應了。同時，每天必須工作十五個小時，也就是每小時的薪資是三分錢。

在那期間，也曾在一家週薪十美元的店裡工作，但必須在枕頭下放一把槍，睡在地下——這是守更、防盜的工作。住進去後，才發現那實在是個恐怖的地方，一年到頭老是被嚴厲申斥：怎麼那麼沒用！要扣薪水喔！小心被開除……等等，簡直成了奴隸。後來，他終於覺悟了，只好又回到以前的農場工作，整整一年，他無精打采地做事。

這就是出生於一八五三年的伍爾沃斯（F.W. Woolwonh）的青年時代！他曾經認為自己不適合作生意，而從事養雞業，後來卻成為世界最大的零售商呢！

有一天，他意外地被以前的雇主叫回去工作，那是距今七十五年前的三月裡，嚴寒的天氣裡，地上積著三呎深的雪，那天剛好是父親將馬鈴薯運到市場的日子，雪橇上載滿了馬鈴薯，他坐在雪橇上，往紐約州瓦特頓而去。伍爾沃斯從此朝向連作夢也想不到的財產和權力的寶座上邁出一大步。

他成功的祕訣是什麼呢？就是要掌握獨特的靈感，如此而已。他借來三百美元，設立了一家商品售價全是五分錢的店。他所設立的第一個店鋪開設在紐約，但經營失敗，曾經有全天營業額不到二元五角呢！最初設立的四個店中，共有三個店完全失敗。

但是，借債經營並非良策，從此以穩紮穩打、慢慢擴展為方針，開業十年間，也只設立十二家分店罷了。後來，他一躍成為全美第一流的資產家，建立了當時世界第一高的大樓，那就是紐約市有名的伍爾沃斯大廈。且以現金支付高達一千四百萬美元的建築費呢？並在住宅內設置價值十萬美元的管風琴。

以前，當他還是窮小子時遭遇無數挫折，幾乎喪失自信，母親來探望他，並且緊緊握住他的手，說：「**不要絕望，總有一天你會成為富翁。**」

商品售價全部五分錢的店，並非伍爾沃斯獨創的，他聽說紐約市有這樣的店，所以說服廣告客戶支持經營。他在一九一二年將所有此類的店購入伍爾沃斯公司，使得遍佈全美及加拿大的分店高達一千家。伍爾沃斯大廈有六十層，高八百英尺，他逝世於大廈完成的一九一九年。

9 菸草大王——德瑞斯

五毛錢創造一個菸草王國

世界首富德瑞斯（Doris Duke）之女已經結婚了。她私人財產大概有五千三百萬美金之多，人們卻稱她為「可憐的富豪千金」，因為無論她到哪裡總有侍衛隨行，並且時常被新聞記者、攝影師跟蹤，連買頂帽子，也有隨行保鏢二、三人跟隨，完全沒有私人的行動自由。

德瑞斯擁有五筆龐大的土地，美國境內四筆，另一筆在法國領域之里維耶拉。新澤西的面積有五千畝，種有花團錦簇的花園，湖水清澈，一望無際的綠草如茵，綠色的建築物點綴其中成為美國東部名勝之一。

這位富豪千金舉行結婚儀式，當她出現在佛羅里達州的巴姆比基廣場時，所穿著的竟然是三年前的舊款式服裝。「**雖然擁有龐大的財產，但最舒服的結婚儀式還是在熊熊烈火燃燒著的暖爐前取暖。**」她說。

這位富豪千金的父親究竟如何致富呢？——是靠香菸起家的。

被譽為菸草大王的達克家族，是在南北戰爭結束時開始創業的。當時戰敗的南軍正處於慘淡的時代，軍隊所到之處，一片蹂躪；田裡沒有任何作物，只得吃粟果及棉種混合煮成的東西代替食品；以樹木的葉子代替蔬菜。德瑞斯的祖父華盛頓・達克（Washington Duke）為南軍統領李將軍的部下，在Richmond戰役時被捕入獄，關入惡名昭彰的里比監獄，過著非人的生活；李將軍戰敗投降後，她的祖父回到故鄉北卡羅來納州。

南軍政府賜給他兩頭老盲騾，五元美金鈔票一張，經過北軍兌換後只值五角美金。他以五毛錢、兩頭盲騾，加上兩個喪母的孩子，開創坎坷多歧的前途。

戰火所到之處，田裡的作物都被士兵吃光，只剩下菸草而已。兩個可憐的孩子巴克及班將這些菸草烘乾、揉壓、裝袋後，堆在老瞎的騾馬車上，出外販賣，就這樣他們創立了全世界第一大菸草王國。

他們在卡羅來納州北部，以香菸交換燻肉及棉花。日落時，在路邊野宿，吃著交換來的燻肉及馬鈴薯。所幸，他倆不以為苦，決心從事販賣香菸的工作。

隨著時代的演進，資本豐富的香菸製造工廠也有了數百家之多，競爭越來越激烈了。德瑞斯的父親認為：「**沒有突破性的技術發展，將被時代淘汰，不能生存。**」幾番苦思，終於想出可賺幾千萬美金的構想——紙捲香菸。

以目前而言，這並不是富有創造性的改革，但在當時卻是一項革命性的新製品。俄羅斯人或土耳其人在幾世紀前開始抽紙捲香菸，英國也在克里米亞戰爭後，引進紙捲香菸。然而，全世界香菸最大供應國——美國，早在一八六七年已傳出紙捲香菸。

德瑞斯的父親最初是用人工來捲香菸，當他發明捲香菸的機器後，每日產量由二千五百支提高至一百萬支。他也發明包裝香菸的機械。還有人記得「Mecca」、「The Era」等香菸吧！這些硬紙盒的設計也是出自德瑞斯的父親。

業績蒸蒸日上，為了配合政府調低香菸稅金，他也將售價調低一半；大量地賣出一箱五分錢的香菸，使得競爭對手望塵莫及。

她的父親接著計畫開拓新市場，以二十五歲的年紀前往紐約開創新工廠。當時他發誓「效仿」John Davison Rockefeller開發石油的精神，「我的香菸也一定會成功的。」

賺得的利潤他又投入新事業的開創，雖然年收入有五萬美金，他卻住在簡陋的房子裡，從來不吃超過五角美金以上的便當。在這種儉樸的情況下，世界各地的連鎖商店，迅速地開發成長。

他每天早出晚歸地在工廠勤奮工作。從材料到成品都親自嚴格地監督，從不假手於他人。

死後遺留的財產多達一億一百萬美金。他自負的說「美國境內沒有比我更富有的富翁。」他所受的教育僅僅四、五年而已。他曾自嘲的說：「如果是牧師或律師，則必須接受大學教育；像我這樣的人，只要有商業頭腦就可以了。」

他成功的秘訣是什麼呢？引用他的話——

「我成功的秘訣，是在『努力』，而不在於頭腦比別人好；那些頭腦比我好的人，終究失敗了，那是因為他們不夠努力！」

這位不接受教育的人，竟然拿出四千萬美金來擴大一所小規模的大學。這所大學至今仍用他的名字為校名（北卡羅來納州的達克大學）。德瑞斯出任該大學的理事之一，他是全世界最年輕的大學理事。

德瑞斯不喜歡出風頭，一生中只有一次接受訪問，那次記者問他：「擁有如此龐大的財產，你滿足嗎？」他搖搖頭說：「不！一點都不滿足！」

德瑞斯企業業績蒸蒸日上時，曾吸收其他同行，而成立一個鉅大的聯合企業王國，而在一九一一年時最高法院命令分割聯合企業，在此之前他的工廠數量高達一百五十個廠。另擁有一個五億美元的菸草產業，他對於醫院、教會、孤兒院等社會工作貢獻頗大。

「第四部　文學巨擘」

- 美國大文豪——辛克萊・路易斯
- 小婦人作者——奧爾科特
- 幽默文學大師——馬克・吐溫
- 動物小說家——傑克・倫敦
- 天才戲劇家——莎士比亞
- 俄國文學巨匠——托爾斯泰
- 天才詩人——愛倫・坡
- 法國大文豪——大仲馬
- 短篇小說家——歐・亨利
- 英國大戲劇家——蕭伯納
- 英國大文豪——毛姆
- 文壇怪傑——德萊塞
- 科幻小說家——威爾斯

1 美國大文豪——辛克萊・路易斯

一通獲得諾貝爾文學獎的電話，他還以為是朋友和他開的玩笑

我與辛克萊・路易斯（Sinclair Lewis）初見面已經是數十年前的事了。當時，我們兩人正與其他五、六位朋友，在紐約州長島的自由港租借了汽艇，往二、三哩外的海上垂釣鮪魚等。當時，我很佩服他，因為他不會暈船，每當潮水不穩定、海浪變大之際，我就立刻倒在船底爬不起來，然而路易斯仍然若無其事地釣魚。就像柯魯利基「老水手之歌」中所說，「如繪在海面上的垂釣者」的情況一般。

辛克萊・路易斯首次造成轟動是在一九二〇年，在此之前雖然也出了六本書，卻一直沒沒無聞。直到第七本作品《main street》——即《大街》推出時，立刻在全國各地掀起一陣旋風，來自各地女性團體的責備聲四起、牧師團體的貶低、報紙亦評其為美國社會的大恥辱，不僅在美國本土上引起了爭議戰，就連三千哩外的歐洲大陸，也對其產生了激烈的迴響。他立刻成為美國文壇的超級巨星。在眾批

評家中也有人說，「嗯！雖然是相當好的小說，但是，這傢伙恐怕要完蛋了。」

雖然如此，生長在明尼蘇達州索爾克中心的紅髮路易斯，反而藉此機會積極地從事寫作。自此之後，竟然出了五、六冊的暢銷書。現在不能再說他是「急就章」的出書了。其實他很慎重，是個孜孜不倦，對其作品不斷修改的作家。

長篇小說《阿羅史密斯》，描述良心醫師的艱苦奮鬥，這篇小說雖然受到美國醫學界的批評，但其草稿仍高達六萬字。總之，僅是草稿，就有普通長篇小說的一半。他曾埋首於描寫勞工與資本家對立的題材，達十二個月之久，結果卻將其原稿棄之垃圾桶。成名作《大街》也前後修改了三次，從剛開始動筆，直至成品堆山歷經十七年之久。

筆者曾經詢問辛克萊．路易斯：「您認為您本身最驚訝的事情是什麼？」他略加考慮之後答道：「如果沒有成為作家，或許在牛津大學教希臘語或哲學，不然，希望能遷居到山中，和伐木工人住在一起——我想就是這一點吧！」

他一年之中，有半年都生活在曼哈頓的高級住宅區的公園街，其餘半年則在佛蒙特州的巴靈頓西南八十英里的山中居住。那兒佔地三百四十英畝，種著蔗糖、楓樹，青菜亦可自給自足，只有理髮他才會進城去。

當筆者問及，「路易斯，您身為名人的感覺如何呢？」他的回答是：「嗯！煩死了。」如果他還得花時間去回信，不但寫小說的時間沒有，連睡覺休息的時間恐怕都沒有了，因此，多半將信投入暖爐之中看它燒掉。

他討厭為人簽名，不出席講排場的晚宴。也時常會從文學同好的茶會中開溜。

當問及他早年奮鬥的經過，他答道「有許多作家喜歡大談其成名前艱苦的奮鬥，對於那種事我很討厭。一般說來，美國作家很少有艱苦奮鬥的人，亦即不須辛勞也能立刻成功。就像醫生、牙醫及律師等一樣的。因此，大談艱苦奮鬥的作家真笑死了人！」

筆者談到——「在負債一百五十美元的當時，你是不是要比以往提早二、三個小時起床，到廚房煮咖啡，然後在廚房的餐桌上拚命地寫作？不論正煮飯、洗衣都得自己來，同時在六個月內完成草稿，而且，最諷刺的是，六個月內，只賣出了二美元，有這種事吧？」

他答道——「那也算不上辛苦。只不過是努力的練習寫作罷了！想起來，那個時候還是最快樂的時光呢！」

筆者問他的作品至今賣出了多少？「大概的數字也應該知道吧！」他完全不知道，「不，不知道，心中完全沒概念。」

因此，當我問他這次《大街》賺了多少錢時，他仍一無所知。他不把這種事放在心中，而將它全部委託給律師及會計師，所以他不知道究竟賺了多少。

辛克萊．路易斯的生平，充滿了各種經歷。由於父親在明尼蘇達州的郊外當一名鄉村醫師，在為患者動手術，他會幫忙施行麻醉。他曾擔任家畜船上的水手橫渡大西洋，並搭乘三等艙，遠渡巴拿馬找工作。他將童謠的稿子，及短篇小說的情節賣給傑克．倫敦，並曾在為殘障讀者所編的雜誌社當過編輯助理。

他完全不做運動，他說，住在大都市裡，只要走到公車站，打開巴士車門，再坐進去的運動就足夠了。體育也全無興趣。只知道棒球選手的貝比．魯斯，美式足球選手是李特．格南吉——有名的體育選手名字，他只知道這二位而已。

「你是否曾被最初的三家報社開除過呢？」筆者問。

「不，不對，是四家喲！」他答道。

當問及，「是否能對有志於寫作的年輕朋友們說些什麼話？」時，答案是，「沒有」——無論什麼事，別人的忠告能有幫助嗎？——這是他的信念。

某日，有通電話打給辛克萊．路易斯。對方以瑞典口音的英語告訴他，將授予他諾貝爾文學學獎，當時他在明尼蘇達州所熟識的瑞典人很多，因此，對這通電話感到懷疑，他懷疑有人用電話惡作劇。因此，他也與對方開起玩笑來了。

二、三分鐘後才弄清了真相。辛克萊．路易斯大吃一驚，因為他獲得了世界最高榮譽的諾貝爾文學獎。

2 小婦人作者——奧爾科特

寫出世界第一本少女小說，卻對其作品感到厭煩……

耶穌降生的五百年前，古希臘劇作家愛斯基羅斯，演出了不朽的悲劇《雅典娜》，從更早以前到安．尼哥魯茲的喜劇作品《愛爾蘭薔薇》於一九二四年，獲得破紀錄的成功為止，能與在紐約廣播城劇場上映三週紀錄的《小婦人》相匹敵者，除此之外再無其他。

電影《小婦人》在上映第十七日時，其入場券的銷路特別引人注目，排隊買票的隊伍長及數條街。該隊伍讓上街購買聖誕用品的人們目瞪口呆。此一情景，在紐約尚屬空前！

然而，《小婦人》的原著，又是在什麼情況下寫出的呢？

《小婦人》為長篇小說，作者露意莎．梅．奧爾科特（Lousia May Alcott）年輕時是個不講理的野丫頭，即使長大成人，對女孩子應做的事也不感興趣，以女孩子為主的小說更是少之又少。然而，出版社百纏不休，硬是要她寫一本以少女為主的小說，因此她才勉為其難的答應了，心中卻頗為厭煩。

作者若不能全心投入寫作，就無法寫出令讀者感動的作品——這是作家們共識的公理，可是，露意莎在寫《小婦人》時卻是百般地不情願。不但如此，她還深感厭煩，寫到中途還一度將稿紙丟入紙屑簍裡。然後吹聲口哨，叫出所飼養的小狗到森林裡去散步。要不然就趕往朋友那兒去高談闊論，這兒所謂的朋友就是大思想家拉魯夫．沃爾多．愛默生。

《小婦人》一寫完，作者就自覺那是一部失敗的作品。然而，它立刻成為暢銷書，而且數百年以來仍立於不墜的地位。僅只美國的讀者就有二千萬人。數年前，在全美國圖書館圖書管理大會中投票的結果，《小婦人》成為全世界最受歡迎的女性小說。

露意莎是麻薩諸塞州康克德人，年輕時是個朝氣蓬勃的女孩，她常常被視為「怪人」。吹口哨是一個乖女孩絕對不會做的事。與男孩子競走，穿短裙及赤腳外出——這也是乖女孩所不為者，爬上蘋果樹坐在樹幹上看書等等。這女孩真不像話——這是城裡的人對她的評語。

露意莎如何開始從事寫作呢？那是因為她有個多病的母親及一群妹妹，為了分擔家計才開始寫作，父親是個大好人，是個與現實脫節的幻想家，偶而去傳些沒人想聽的教義，賺個五元、十元。然而，多半都是待在家裡無所事事，因此，一家人的生活極為貧困，經常是到了晚上，晚餐都還沒有著落，簡直是毫無依靠。

她那慷慨的父親曾有一次，將僅存的一點柴火全部送給了一貧苦之家，妻女們說「我們也很窮呀！」的時候，他就說「喔！別擔心，神會賜給我們柴火的。」大家沒辦法，只好縮進同一張床上，忍受著嚴寒。

當晚，強烈的大風雪侵襲新英格蘭一帶。次晨，出外一看，不知哪裡的農夫將理好的柴火丟在雪地之上，好似故意丟在露意莎的家門前一般。父親看見了就說「瞧！這正是神的恩典。」然後出去將柴火拿回家。

露意莎第一次將所寫的稿件送往出版社時，被人當皮球般地踢出。某些編輯人員甚至明白表示，她絕不可能寫出受人歡迎的作品。並勸她就此打消寫作的念頭，倒不如去當裁縫師來得好些。

露意莎一家人所住的木造白漆房子，至今仍留在麻薩諸薩州康克德。每年造訪該處的書迷有二萬三千人。他們大部分都將該地視為聖地。筆者亦曾一度造訪，有某一女性含著淚，由這一屋繞到另一屋。也許是《小婦人》中出現的梅、喬及貝絲曾在此屋中居住令她喜極而泣吧！

有位立志寫作的青年曾問露意莎——

「要如何做才能成為一名作家呢？請指教。」

她的回答是——

「算了吧！算了吧，去挖水溝，或做什麼都好呀！」

她寫《小婦人》而成為名作家是在一八六八年。爾後雖有許多作品出現，以小婦人書中人物延伸的故事，還寫了三部。仍以第一部《小婦人》最著名。僅在孩童時代接受父親的教導，未曾受過學校教育，如此一個小女孩能與大思想家愛默生如此親密頗令人意外，因為他是住在同村中父親的好朋友。

3 幽默文學大師——馬克．吐溫

在馬路上撿到一張紙片，激發他成為世界大文豪

好萊塢製片公司曾經花費二百萬美金拍攝一部偉大的電影，描述美國一位聞名人物的一生事蹟，他是當代最偉大的文學作家，也是一位幽默作家。

他曾在一間由簡陋的木板所搭建而成的學校求學，他在這所學校讀到十二歲，便輟學不讀，這是他唯一所受的正式教育，然而日後牛津大學及耶魯大學卻頒贈名譽博士給他，世界各國的學者名人，也爭相與他結交。他的寫作收入約有數百萬美元，靠筆耕而擁有龐大收入的作家，絕無僅有，即使在他死後，各種電影的改編製作、廣播收益、版權等收入，仍然源源不斷滾進繼承人的手中。

這位大文豪的本名是山邁克雷門斯，而廣為世人所知的馬克．吐溫（Mark Twain）是他的筆名。

他的生平事蹟充滿神奇的色彩，恰好出生在美國史上最光輝的時代一八三五年，密蘇里州的荒僻鄉下，他出生時美國第一條鐵路，剛築成十年，那時候林肯仍

在田野赤足放牛的時代呢！

馬克．吐溫多姿多采的活了七十五歲，於一九一〇年去世，遺作二十三篇，其中《頑童歷險記》及《湯姆歷險記》成為永垂不朽的名作，數百年後的今天，仍是兒童們愛不釋手的讀物，這些故事都是他親身的經驗。

馬克．吐溫，生於密蘇里州佛羅里達的鄉間小屋，現在的馬棚、鳥窩都勝過他住的地方，一家七口及一個奴隸，共同生活在簡陋的屋裡。

「出生時，體弱多病，一致被認為活不過冬天，長大後，變得頑皮不堪，令人頭痛！」他的母親回憶著他那搗蛋、不喜歡上學，總是跑到密西西比河去游泳的童年。河中有神秘的小島，乘著竹筏順流而上，浩蕩的河水，一望無際，奇幻的密西西比河，深深的吸引他，獨坐岸邊，凝望河面，流連忘返，曾溺水多達九次呢！印第安人遊戲、海盜的遊戲、洞穴的探險等遊戲，累積了寶貴的經驗，因而誕生了兩部不朽的名作。

馬克．吐溫的幽默承襲他的母親，因為父親是一位不苟言笑的人。馬克．吐溫的幽默表現得很真實坦率，這是當時男人很少能做到的，更別說是女人。而他的母親卻擁有這份才能，馬克．吐溫承襲了母親的幽默，帶給他不少的財富，同時他母親也是一位非常仁慈的人，連隻螞蟻都不忍踩死。有一次，小貓多得令人發愁，不得不淹死牠們，為了這些小貓能死得舒服些，他母親竟然燒許多熱水。

年少的馬克．吐溫，非常討厭上學，學校是剝奪自由的地方，他喜歡到森林散步，喜歡在河邊探險，他認為學校是囚牢。

十二歲時，父親去世，逃離學校的機會終於實現了。當他知道父親永遠不回來時，深深懊悔自己的頑劣，想著想著竟哭了。他的母親看到了，安慰他「過去的，已經過去了，只要從現在起，好好做人的話……」他邊哭邊說：「只要不上學，任何事我都會好好做。」

幾天後，馬克．吐溫開始到印刷廠工作，「學會印刷技術，對改善生活非常有幫助。」他母親如此說。印刷廠的待遇是免費供應兩年的衣食，卻不能領薪水。

兩年後的某日午後，馬克．吐溫在密蘇里州街道上撿到一張紙片，原來是一張書本脫落的紙，這是件很平常的事，但卻是馬克．吐溫生命的轉捩點，紙上寫著約翰傳的某一段，這是作者約翰被捉到魯安城時寫的。「竟有如此卑劣的事！」十四歲的馬克．吐溫非常氣憤。「他」約翰到底是誰呢？他一點都不清楚，連名字也沒聽過。於是他遍讀約翰所著的書，對於約翰的生平產生很大的興趣。

四十六年後，他終於完成《約翰之回憶》，評論家們並不認為這是他最好的作品，但他確信這是他最佳的創作。此時他已是聞名的幽默作家，這本書若以他的筆名出書，容易被誤認為是幽默作品，所以這本書沒有註明馬克．吐溫著，而是以其他名字出版。作家阿魯巴多寫了馬克．吐溫的傳記多及四冊，其中寫著「**偶然得**

到約翰傳中的一頁紙，引起馬克吐溫對他生平的興趣，這種興趣的熱中就是他智慧的特徵，至死不改。撿到紙片的那一刻，即開創他卓越智慧的前途。」

但馬克．吐溫的投資知識卻像坎薩斯州的野兔般毫無遠見。例如，有一次，從書上得到的知識——在亞馬遜河上游的叢林收購可可果出售可以致富。連對可可果毫無概念的人，竟能遠渡重洋，到達亞馬遜河上游，後因無法與當地的居民溝通，又染上幾乎致命的熱病。或許命不該絕，竟然神助般撿到一張五十美元紙幣，靠著五十美元，才得以離開了亞馬遜河。

日後，他靠版權及演講收入，擁有龐大的財產，利用這些錢，所做的各項投資，從未成功。例如，投資專利的蒸氣發電機，竟然不能發電。投資鐘錶工廠，拿到一次紅利後，工廠停工了，蒸氣式滑車的投資、出版社的投資，都失敗了，使他負債美金十六萬，自動活字排版公司的巨額投資，也損失了大約二十萬美元。

有個青年發明家，亞歷山大．貝爾，將其新發明物——電話。熱情地向馬克．吐溫說明，並邀請他參與投資。

但「聰明的」馬克．吐溫卻嘲笑道：「以一條電線，能在家裡和幾里外的朋友說話？未免太不可思議了吧！我或許是個傻瓜，但絕不是個大傻瓜！」

如果那時他能投資五百元給電話公司，現在的價值可能超過幾千萬元。但他沒有投資。反而把五百元借給朋友，結果，三天後他這個朋友破產了。

一八九三年美國經濟不景氣中，他負債累累，並且病魔也向他侵襲，幾乎宣布破產。他咬緊牙根：「我一定要把負債償清，一分錢都不欠！」他如何還清巨額欠款呢？

他一方面拚命寫作，一方面到世界各地演講。他並不喜歡演講，為了還債，他整整巡迴演講達五年之久，造成轟動，不論多大的廣場，聽眾總是擠得水泄不通。終於，他還清了每一分錢。馬克．吐溫敘述著：「**所有的負債都解決了，沒有任何煩憂，真是舒服，最重要的，工作已不再是負擔了，而是一種樂趣了。**」

雖投資事業並不順利，愛情卻非常幸運。尚未認識他妻子之前，憑藉一張照片，使他墜入情網。那是發生在他前往聖地巴基斯坦船上。這一次的旅遊，成為日後名作《湯姆歷險記》的題材。

像是命中注定的，同船的船客查理士．朗庫斯的艙房內，掛著其妹的玉照——美人奧莉薇．朗庫斯的照片，令他一見鍾情。「這就是我心儀已久的女人！」他想著。為此，他三番兩次前往查理士的客艙，偷窺奧莉薇的玉照，愈看愈入迷。

二、三個月後，回到紐約，馬克．吐溫受邀赴宴，初次與奧莉薇相見。他在晚年書中記載：「從第一次見面一直到現在，我仍然無法忘懷於她。」

晚宴結束時，馬克．吐溫仍眷戀不捨，他吩咐朗庫斯的傭人，招呼馬車時，將馬車座位顛倒，使他能由馬車上跌下。當他穿上外套，和主人道別，然後坐上馬車，當馬車起步奔馳時，果真把馬克．吐溫摔倒，痛得他幾乎落淚，嚇得朗庫斯一家人急奔而出，抱他入屋療傷。此後兩個禮拜，他一步都未離開過房間。

實際上，他並沒有受傷。從馬車摔落的詭計，早在他小時候就用過。他果真確實地躺在床上享受愛人奧莉微溫暖的照顧。奧莉薇叫他「甜心」，他叫奧莉薇「薇！」他們都是如此的暱稱對方，直到三十四年後奧莉薇去世。

奧莉薇謹慎地收藏馬克．吐溫寫給她的情書，每年外出旅遊時，必將這些情書拿到銀行保管。馬克．吐溫每一份原稿，都請奧莉薇過目、收藏，為此，每日必將所寫的原稿放在奧莉薇的枕頭下，好讓奧莉薇能在就寢前閱讀原稿；而且他從不抱怨奧莉薇修改他的文章。

馬克．吐溫非常擔心原稿遺失，小心翼翼的保管外，並禁止傭人打掃，床邊也用粉筆畫條白線——傭人絕對禁止進入。

七十歲時，馬克．吐溫認為：「年歲已大，可以做自己想做的事吧！」因此，收購數十件純白的西裝，百餘條領帶，臨死前，從頭到腳清一色是白色，大禮服也是白色的。

馬克．吐溫生於一八三五年，當年曾出現哈雷彗星，他希望有生之年還能再見到七十六年一現的哈雷彗星。他實現了這個願望，一九一〇年，他臨死前的夜晚，哈雷彗星再次出現天空。然而他最後的這個希望卻沒有達成，他希望女兒蘇茜能在他臨終前，唱一首英格蘭民謠。不幸地，蘇茜先他而死。馬克．吐溫在蘇茜墓石，題了四行詩句；而這首詩，也應該是由敬愛他的美國人，為他雕刻在墓碑上吧！

溫暖的陽光，請和煦地照在墓上；
溫暖的月光，請輕輕照在墓上；
翠綠的小草，輕柔地生長吧！
再見了！我可愛的孩子，安息吧！安息吧！

馬克．吐溫在幽默史上留下許多名言，例如，「讓我們努力生活，待逝去之時，連殯儀館的老闆也會感到悲傷。」還有「我們應該感謝在這世上的傻瓜，使我們能吃喝，這是他們的功勞。」

4 動物小說家——傑克・倫敦

他只接受了三個月的學校教育，卻在十八年內完成了五十一篇傑作

四十多年前，一個無家可歸的流浪漢，獨自搭上前往紐約州水牛城的載貨火車，他身無分文，餓得沿街挨家挨戶乞討，不久，警官以流浪罪逮捕，並判決三十天的勞役，送往勞役場做採石的工作，三十天內，只分配到些微的麵包和水。

然而，就在六年後——短短的六年後，這個以乞討維生的流浪漢，一躍成為美國西海岸最受歡迎的人物。他成為加州社交界的焦點，他是作家、批評家、也是報社及出版社的總編輯，以文壇巨星的身分，引起大騷動。

十九歲時，這名男子才進入高中就讀。而且，在四十歲時英年早逝，短短時間，竟然創作了五十一篇世界鉅作。

此人即是世界名著《野性的呼喚》的作者傑克・倫敦（Jack London）。

這部作品完成於一九〇三年，他因此書而一夜成名。雖然，造成大轟動，卻不曾使他致富。獲利數百萬美元的僅是出版社和好萊塢的電影公司——事實上，

《野性的呼喚》所賣得的版權、電影權，總共只有二千美元罷了。

如果，想要寫一本書，首先必須有寫作的素材吧！擁有源源不絕的素材，是傑克．倫敦成功的祕訣之一。他在短暫、顛沛的有生之年，卻充滿著多彩多姿的經驗，他做過三等船員、也曾在碼頭做過臨時工、也曾走私軍火、挖過金礦，甚至遠到北極獵捕海豹、流浪過半個地球；連無家可歸的經驗，也可以寫成一部鉅作。當然了，三餐不繼的日子是經常有的；露宿公園的長板凳上，或睡在乾草堆中、或在貨車內過夜、也曾經露天而睡——醒來時，才發現自己睡在水窪中。甚至鑽進貨車的底盤，因為疲憊而睡著了呢！

被警察逮捕而入獄的經驗，僅美國境內就高達數百次，並且，還曾經在中國東北、日本、韓國等地被逮捕呢！

傑克．倫敦自幼即在貧窮及奔波中度過，常和舊金山碼頭的流氓鬼混，根本不把學校當一回事，不愛讀書，時常逃學、蹺課。有一天，他無所事事地遊蕩到圖書館，隨意讀了本《魯賓遜漂流記》後，便被該書所吸引，連肚子餓了也不回去吃晚飯，將它一口氣讀完。第二天，又到圖書館讀其他的書。突然地，眼界為之開拓，有如《天方夜譚》的巴格達，呈現出珍奇而多彩多姿的世界。從此以後，他沉浸於求知的欲望中。不論是名偵探小說家尼克．卡特、莎士比亞，或者是史賓諾沙的哲學、馬克斯的《資本論》，只要是書，他都有閱讀的興趣。十九歲時，他厭倦了以出賣勞力維生的日子，決定要靠自己的智慧來謀生，也厭倦了流浪的生涯，不再過著與警棍追逐的日子，也不甘過著被火車司機用煤油燈敲腦袋的日子了。

因此，他在十九歲進入加州奧克蘭特市的高中就讀。廢寢忘食地努力用功，而有了驚人的成果——以短短三個月的時間讀完四年的課程，並且順利通過考試，進入加州大學就讀。

他一心一意想成為大作家，遍讀史蒂文生的《金銀島》，大仲馬的《基督山恩仇記》，以及狄更斯的《雙城記》反反覆覆讀了數遍，然後拚命地寫作。以平均每天五千字的速度寫稿，花二十天的功夫便可以完成一篇長篇小說。他曾經交給出版社三十篇的長短篇的作品，卻全部遭到退稿的命運，這是他學習寫作的初期。

那段日子裡，他以短篇小說「海洋外的颱風」入選為〈舊金山回響報〉主辦的徵文比賽第一名。獎金僅有二十美元，當時，他貧困的甚至連房租都付不起。

一八九六——掀起淘金熱的一年。阿拉斯加的克倫岱克被發現含有豐富的金礦。這個消息，透過廣播網向全國披露，造成空前的轟動。工人離職、軍人逃兵、農人棄田、商人罷工，開始了所謂的「淘金熱」，像蝗蟲過境地向發光的金礦前往。傑克．倫敦也是其中之一。他花了整整一年的時間在克倫岱克的沿岸搜尋金砂。當時的艱辛，非筆墨所能形容，那時雞蛋一枚喊價二角五分，牛油一磅索價三美元。並且在華氏零下七十四度的酷寒中露天而眠，最後他仍是一文不名地回到美國本土。歸來之後，為了生存，不管任何工作，他都做了，曾在餐廳裡洗碟子、掃地，也曾在碼頭做過零工。

一八九八年的某一天，身上僅剩下兩塊美元，如果用完了，只有餓死一條路，在面臨走投無路的困境下，他下定決心——從此不再做粗活，開始往文學之路前進吧！五年後，也就是一九〇三年，他有六篇長篇小說，以及一百五十五篇短篇小說問世，一躍而成為全美文壇最受歡迎的作家。

傑克．倫敦逝世於一九一六年，距他專心從事寫作只有十八年而已。在十八年內，除了平均每年有三篇長篇小說創作，更有無數的短篇小說完成。

他的年薪是當時美國總統的二倍，作品至今仍盛行不衰，即使在歐洲，也是全美作家中，擁有最多讀者的一位作家。

《野性的呼喚》只為他賺進二千美元，事實上，曾被翻譯成十種語言，銷售量高達一百五十萬部，是美國文學史上，擁有最多讀者的作品。

《野性的呼喚》是描寫一隻忠實，但凶猛的狗，在主人去世後，他恢復了野獸的本性。此書的主要宗旨，是描寫人類對野性的追求。造成社會相當大的震撼及刺激，《野性的呼喚》在世界上享有盛名，而被當作批判社會的文學先驅。他出生於一八七六年，於一九一六年逝世。

5 天才戲劇家——莎士比亞

他在戲劇界是個天才，但是在愛情面前他卻無能為力，他被逼迫著和一個自己不愛的女人結為夫妻

當他活著的時候，並沒有得到人們足夠的關注；在他死後的一百年裡，他的名字仍然沒有被世人所熟知；然而，從那以後，談到他的文字的人不下數千萬；他所引起的評論要多於任何古代用鵝毛筆寫作的文人；而且，成千上萬的人每年都會不遠萬里，從世界各國來到他生長的故鄉，瞻仰保留下來的關於他的遺跡。

本文的作者也是這成千上萬人中間的一個。一九二二年，我曾到過他的故鄉。我喜歡在斯特拉特福到斯萊特里鎮之間閒散地漫步，踏尋當莎士比亞還是一個小伙子時急匆匆地跑著去和他的情人安妮．惠特利約會時往返經過的路途。

當時的莎士比亞絕不會想到，他的名字會如此為後人所謳歌和讚揚。而且，他也沒有料到，他的田園之愛竟注定是一幕悲劇，並令他悔恨多年。

莎士比亞的婚姻是他一生中最大的悲劇。很顯然，他愛的是安妮．惠特利小姐——但在一個月黑風高之夜，他竟然又鬼使神差地遇到了另一位名叫安妮・海瑟薇的姑娘。當海瑟薇小姐得知莎士比亞將與另一位小姐結婚時，她大為震驚，她幾乎就要精神失常了。她在絕望之下跑進了她鄰居的家裡，向人們哭泣莎士比亞應當娶她而不是別人。她的鄰居是一位心地善良但頭腦簡單的小姐，在聽完了這位可憐的姑娘的哭訴之後大為震怒。第二天，他們就一同來到鎮上的教堂，宣布了莎士比亞與海瑟薇的婚約。

莎士比亞的這位新夫人比他大八歲，而且，從一開始，他們的結合就是一幕可憐的滑稽劇。在他寫的劇本裡，他一再警告男子不可娶年長的女子為妻。事實上，他很少和海瑟薇住在一起。他婚後在倫敦度過了他大部分的時間，而他每年回家鄉的次數最多不會超過一次。

如今，斯特拉特福是英國最美麗的城鎮之一，小巧的鋪滿稻草的茅屋，長滿了向日葵的花園，古雅的街道。然而，莎士比亞在世時，這裡又是什麼樣的景象呢？它污穢、貧瘠、荒涼。那時這裡還沒有下水道，成群的豬橫臥在街心吞食著腐爛的菜葉。莎士比亞的父親是鎮上的一個工匠，曾因在外面堆馬圈的糞土而受罰。

如今，在美國，我們都認為現在的困難簡直讓人難以忍受，但是現代人卻無法想像當年住在斯特拉特福的人是何等的貧窮。幾乎有一半的居民都要依靠政府的救濟金維持生活。大多數的人都沒有機會上學念書，莎士比亞的父親、母親、姊妹、女兒、孫女沒有一個會念書或寫字的。

這位注定要在英國文學史乃至世界文學史上，享有無上權威和光榮的莎士比亞也不得不在十三歲時就輟學到外面去打工謀生了。他的父親是一個做皮手套的工匠兼農夫——莎士比亞也曾擠過牛奶、剪過羊毛、攪拌過牛油，並做過染牛皮等工作。

但是，當莎士比亞離開人世時，按照當年的標準來講他已經稱得上是一個富翁了。來到倫敦的五年之內，他靠做演員賺了不少錢。他購買了兩家劇院的股票，他還在房地產進行投資，放高利貸給別人。當時，他每年的收入已經達到了三百鎊。當年的貨幣購買力比今天要高出十二倍，因此，莎士比亞在四十五歲時每年的收入相當於現在的二萬美金。

可是，你能想像他在遺囑上留給他太太的錢有多少嗎？一分錢也沒有。除了一個床架之外別無他物！甚至那個床架還是過後才想起來的。因為，那是在他寫好了遺囑後，又另外加在其中的。

在他的劇本出版的前七年他就去世了。如今，假如你想在美國買一部第一版莎翁全集的精美複製品，就要花上幾十萬美元。然而，當時莎士比亞本人從他的名劇如《哈姆雷特》、《馬克白》、《仲夏夜之夢》得到的稿費，加起來大概連六百美元也不到。

一次，我曾向有許多關於莎翁研究專著的坦南鮑姆博士請教，是否有確鑿的證據能夠證明，寫下這麼多傑出劇本的莎翁就是出生在斯特拉特福的莎士比亞。他回答說，這一點毫無疑問，就像林肯在蓋茨堡發表過演說一樣。不過，有很多人甚至認為根本就沒有莎士比亞這個人，那些劇本都是出自於弗斯西斯．培根或者是牛津伯爵之手。

莎士比亞的遺體被埋在小村裡教堂的講壇前面。當時人們為什麼會給他以這種光榮呢？是因為他那三百年後還被人們深深摯愛著的文學天才？其實並不是這樣的。他之所以能夠被葬在教堂邊，是因為他曾經借給他家鄉的人們許多錢。假如當初這個創造了著名的吝嗇鬼——夏洛克——這一形象的他不這樣做的話，這位大文豪的遺骸還不知會葬在何處呢！

6 俄國文學巨匠——托爾斯泰

他寫了兩部世界上最偉大的小說，但他卻引以為恥

這是一篇絕不遜色於《天方夜譚》的令人難以置信的人生故事，這是關於一位預言家的故事——他逝世於一九一〇年，他的音容與我們相去不遠，他深為人們所敬重。在他逝世前的二十年內，像聖徒朝拜聖地一樣從世界各地去瞻仰他故里的人，終年絡繹不絕，他們為的就是能一睹他的尊容，聆聽他的聲音，或者能觸摸一下他的衣物。他就是俄國文學巨匠托爾斯泰。

曾經有一段時期，他的很多朋友住在他家，用速記法把從他嘴裡講出來的每個字都記錄下來，甚至連一些極為平常的談話也不放過，這樣，他們記述下了他每天生活中那些很細微的舉動，這些記錄後來曾印成了許多書大量發行。

據粗略統計，記載他的事蹟和思想的書籍幾乎有兩萬三千餘冊，我要提醒你的是，不是兩千三百，是兩萬三千。報紙雜誌上談到他的人和思想的文章約有五萬六千多篇，而且，他自己的著作共計有一百部——這一數目是令許多作家望塵莫

及的。

他曲折、生動的人生經歷，絲毫不遜色於他所寫的小說中的情節。**他生長在一個擁有四十二間雕樑畫棟廳堂的豪門，圍繞著他的是數不清的財富，他是在俄國貴族的驕奢豪華中長大的。然而，他晚年卻將自己所有的田產以及塵世的所有全部拋棄了。**最後，他一個人身無分文，躺在一個荒涼的俄國鄉間火車站裡與世長辭，當時只有一些農民守護在他周圍。

他年輕時是一個穿著非常考究的花花公子，莫斯科的裁縫們在他身上大發了一筆財。然而，他後來卻經常穿著粗糙的布衣，自己親手做鞋，自己打掃屋子，收拾自己的床榻，並且用木碗木匙在破舊的桌旁吃著粗茶淡飯。

他稱自己年輕時的生活是：「很污穢、很罪惡的生活。」酗酒、決鬥，甚至凶殺等各種想像得到的罪惡幾乎他都犯過。但是，到了後來，他竟虔誠地信仰耶穌基督，並且在他的影響之下，基督教成了俄國宗教上一個最神聖、最有影響力的組織之一。

在他結婚的初期，他和太太過著幸福美滿的生活，他們還一同跪在地上祈求萬能的上帝能保佑永遠延續他們的這種快樂。然而後來，他們的婚姻卻變成了悲慘和苦惱的淵藪。他最後竟然一眼也不願看她，他當時的願望是：「這個女人，從我眼前永遠消失吧！」而且，在他臨終時，他都不允許他的太太到他跟前來。

他年輕時在學校的功課很差。他沒有考上大學，他的私人家庭教師希望在他那蠢笨的頭腦裡塞進某些道理，結果全都以失敗告終。然而，三十年後，他卻寫出了全世界最偉大的兩部小說，也是永世流傳的不朽巨著，那就是《戰爭與和平》和《安娜．卡列尼娜》。

如今，托爾斯泰的名望要遠大於所有統治過那個遼闊而黑暗的大帝國的沙皇。然而，他所寫的那些名著，能使他得到快樂嗎？能！是的，也許能——但也不過是短暫的快樂。沒多久，他就對那些著作深感不滿，甚至是引以為恥。在他的晚年，他把大部分精力花在寫一些短小的文章上，他把這些小文章裝訂成冊，宣傳和平、博愛與消除貧窮。這些小冊子價格低廉，用貨車和單輪小車運往各地挨家挨戶散賣，在短短幾年時間裡，就售出了一千二百萬多冊。

幾年以前，在巴黎我結識了托爾斯泰最小的女兒。她曾經在她父親的晚年做過他的秘書，並且直到托爾斯泰去世，還和他在一起。她現在寄住在美國賓西法尼亞州牛頓廣場附近的一個鄉村裡，我從她口中聽到了許多關於托爾斯泰的事蹟。從那時起，她開始寫一本有關她父親的書，書名叫做《托爾斯泰的悲劇》。

托爾斯泰的一生確實是一幕悲劇，而這幕悲劇就來源於他的婚姻；他的夫人極好奢侈，而他對此卻十分鄙夷；她愛慕虛榮，對社會地位懷有熱切的渴望，然而，托爾斯泰卻對這些嗤之以鼻；她瘋狂地渴求金錢與財富，但他卻認為財富和私有制是罪惡的根源；她信仰武力統治，而他卻主張以仁愛服人。

最糟糕的是，她那個強烈的嫉妒心。她憎恨接近她丈夫的所有朋友。她甚至連自己的女兒也不能容忍，把她也趕出了家門，隨後，她還闖入托爾斯泰的房間，用空氣槍朝著她女兒的照片射擊。

托爾斯泰堅決主張俄國人可以隨便翻印他的著作而不需要支付任何版稅，她因此有好幾年一直追著他哭鬧咒罵，把家庭變成了一個可怕的地獄。當他反對她時，她就會歇斯底里地躺在地板上像潑婦一樣打滾咒罵，手裡拿著煙片煙準備去尋死，或者就是哭喊著要去投井自殺。

有時，她會跪在他的腳下，請求他讀當年為她所作的美麗而充滿熱情的詩句，那是四十八年前，他們瘋狂熱戀著時他所寫下的日記。

最後，當托爾斯泰八十二歲時，他實在無法忍受這個破碎家庭所帶給他的痛苦了。於是，他在一九一〇年十月廿一日深夜，離家而去——逃進了寒冷與黑暗裡，這個偉大的靈魂也不知道自己到底該到什麼地方去。

十一天後，他因肺炎在一個孤寂的火車站去世了，在他去世的前幾天，他說：「上帝會安排好一切的。」**而他留給人世的最後一句話，卻是：「去尋找，永遠去尋找。」**

7 天才詩人——愛倫・坡

他花了十年心血寫成的一首詩，卻只賣了十美元。「貧窮」奪走了他愛妻的生命，卻奪不走他對她的深情

愛倫・坡是一位浪漫而神秘的天才詩人。他注定要像一個憂鬱的巨人一樣，大步跨過美國文學的輝煌。然而，這位巨人一生的經歷卻很不如意。他曾經因為酗酒嗜賭，被維吉尼亞大學開除過。後來，他又到了西點軍校，因為他不守校規，在他應當到外面操場上去持槍出操的時候，卻坐在宿舍裡寫詩，被教官發現而被西點軍校開除。

愛倫・坡從小就是一個孤兒，他被一個有錢的煙草商收為養子。然而愛倫・坡並沒有討得養父的歡心，最後，他的養父開始仇視他，用棍子將他趕出家門，並且把他的繼承權也剝奪了。在他的遺囑中，連一塊錢也不肯給愛倫・坡留下。

說起愛倫・坡的婚姻，更堪稱是文學史上的佳話。他在廿六歲時愛上了比他小很多的親表妹維琴妮亞，並且不顧一切地和她結婚。在他們結婚時，他窮得身無分文——他從來沒有過錢，而且永遠也不會有錢。

在他和年僅十三歲的表妹戀愛時，許多人都勸他及早結束這場悲劇。但事實上，他的戀愛獲得了成功，他們結婚了。於是，又有人斥責他一定是瘋了，因為他唯一的妹妹已有些瘋癲，所以他們認為他也瘋了。但是，愛倫．坡是真心愛戀，甚至說是敬愛他那年幼的太太。而她也對愛倫．坡有一種難以動搖的愛，他們的婚姻是幸福美滿的，在她的啟發之下，愛倫．坡寫出了很多優美的詩句。

愛倫．坡撰寫小說並創作詩歌，這些小說和詩歌，就注定了要被列入世界文學寶庫之林。然而在當時，他卻不能將這些不朽的傑作轉變成足夠的麵包。

他給世人留下了很多不朽的詩歌，如名詩《烏鴉》。

愛倫．坡將《烏鴉》這首詩寫了又改，改了又寫，這個過程持續了十年。然而，最後他卻被迫將它廉價出賣，僅得到了十美元的稿費——這相當於他一年的工作值一美元。

據說，好萊塢電影明星一分鐘的收入都比愛倫．坡十年的收入還要多。這是真的嗎？難道影片比詩更值錢？

誰能想到，愛倫．坡耗盡了十年心血寫成的《烏鴉》僅賣了十美元，而且誰又會想到，這首詩的原稿在最近幾年的售價，竟然高達數萬美元。為什麼我們的天才要在活著時忍飢挨餓？又為什麼在他死後以驚人的高價出賣他的原稿呢？

愛倫・坡和維琴妮亞曾經一起住過的茅屋，現在成了紐約大都會的觀光景點。當愛倫・坡在那年租下那塊地的時候，那只是一間快要倒塌了的茅屋。現在，在它周圍環繞著鱗次櫛比的高樓大廈。但是當初愛倫・坡和維琴妮亞一起在那間茅屋裡相依為命的時候，那裡卻是名副其實的鄉村。

茅屋掩映在蘋果樹間，當春天到來時，空氣中滿是紫丁香和櫻桃花的芬芳，到處是蜜蜂嗡嗡的聲音，那簡直是一個像夢一樣美麗的地方。愛倫・坡以三美元一個月的價錢租下了這塊地方，可事實上他連房租都付不起。

大部分的時候他根本就不付任何房租。他的妻子患有肺癆，而他連給她買食物的錢都沒有，尋醫問藥就更別說了。有時候，他們一連好幾天都沒有一點東西可吃。當車前草在院子裡開花的時候，他們就把它摘下來，用水煮熟了當飯吃，有一段時間幾乎天天如此。

仁慈的鄰居見他們實在可憐，有時會送他們一些食物。他們憐愛他的詩歌天才，也愛憐他那偉大的愛心。他們儘管窮，可是在精神上卻是快樂的。

維琴妮亞最終沒有戰勝飢寒，離開了她心愛的丈夫，死在這個小破屋裡。在她死前的好幾個月中，她就躺在一床草褥子上面，他們沒有足夠的可以禦寒保暖的衣服。當她冷得實在不堪忍受的時候，她的母親就給她搓手，而愛倫・坡就給她搓腳。愛倫・坡沒有足夠的錢來埋葬她。如果不是倚靠著一個鄰居的恩惠，她也許真的連下葬的地方都沒有了。

數年前，紐約州政府買下了這座茅屋，並把它建成了一家紀念館。在我看來，那是一座夢中的茅屋，充滿了縈繞於心的悲慘的回憶，讓人久久不忍離去。

維琴妮亞是在一月份去世的，很快春天就又到來了，明月重新升上蘋果樹梢，星光依舊閃爍，可惜已是「物是人非」，這怎麼能讓愛倫．坡不傷心呢？他整天呆坐著想念維琴妮亞，從白天到夜晚——從夜晚直到夢中——從夢中又到白天……在這樣的思念之下，他終於寫出了一首前所未有的丈夫對太太的《愛的稱頌》。

8 法國大文豪——大仲馬

縱觀他的一生，他是個大文豪，他的一生多產而多收，但是當他的第一部劇本上演時，他窮得連一件像樣的衣服都沒有

世上最流行的冒險小說是什麼？《魯賓遜漂流記》、《唐吉訶德》、《金銀島》。當然，對此是仁者見仁，智者見智，但是，我卻要推薦《三劍客》。

《三劍客》一書已經風行一個多世紀了。當你的祖母還是一個女孩子的時候，也許就已經在劇院裡激動地看過這齣戲了，而直到現在，就在這個時候也還是有成千上萬的人，在全世界各地閱讀著這本著作的各種不同的譯本。

《三劍客》的作者是法國人大仲馬，他曾經不無炫耀地說，他的孩子有五百多個。這話並不是完全不可信，因為他長得雖然像肥豬一樣怪模怪樣，但他和女人之間浪漫的風流韻事卻不少。最有趣的是，他曾三番兩次公開宣稱，他一輩子都不娶妻結婚，這令他的一位家境富有的戀人大為惱火，她最後出高價收買了他欠別人的債券，威嚇他必須和她結婚。根據那個時代的法律，欠債的人如果不能按時還清欠款，將被關入監獄。這使富有浪漫精神的大仲馬不得不慎重考慮：到底是鋃鐺入獄，還是和這個女人結婚？最終，他選擇了後者！

大仲馬容貌古怪。他的血管中流著的血液有四分之三是白種人的，四分之一是黑種人的。大仲馬的相貌很像他的黑人祖母。不過，他的皮膚卻像雪一樣白，眼睛像西印度群島的天空一樣藍。但是他的嘴唇很厚，他的鼻孔寬而扁平，他的頭髮雖然黃得像毛莨草一樣，卻卷曲著糾纏在一起，和他的黑人祖母的頭髮一模一樣。

也許你們不會相信，如此醜陋的大仲馬竟然是一位超級「美食家」。他親手烹調的醬油烤鴨，幾乎和他的小說一樣有名。他的胃口非常好，但從來不喝酒和咖啡，也不喜歡抽煙。在他寫作的時候，對飲食並不很在意，甚至常常會忘了這方面的需求。如果有朋友在他正工作的時候拜訪他，他往往不願意說話，只是用左手打手勢招呼一下對方，右手卻毫不停留地寫作。

這位文壇怪人連寫作時所用的紙和筆也有些特異之處：他寫小說必須要用藍紙，而寫詩必須用黃紙；假如他要為一家雜誌寫一篇短文，那就非用玫瑰色的稿紙不可；而且所用的筆也各不相同。藍色墨水他從來都不用，而且也不會規規矩矩地坐在寫字台邊上寫劇本。他每次都必須躺在沙發椅上，在頭部放一個柔軟的枕頭，他的文思才會如潮般湧來，他就是這樣寫出了一部部偉大的劇本。

這可笑嗎？的確有點可笑！等我把他的成績說出來，你就不這麼認為了。他寫了一百種以上的劇本以及大量的小說和歷史著作。如今他的全集竟達到了一千二百卷之多！想一想吧！一千二百卷！這幾乎是高爾斯華德、蕭伯納、斯蒂芬、韋爾斯、吉卜林、萊因哈特這些人的全部作品加起來的兩倍。

他賺了五百萬元以上——比他同時代的其他任何作家的收入都要高。事實上，歷史上的作家很少有人能接近這樣的記錄。然而，當他的第一個劇本上演的時候，卻窮得連硬領都沒得戴，於是他就從白色車板上割下一個板子，戴著它到劇院去參加他一生中最重大的事情。

同時，他是個孝子，就在他的處女作初次上演的前三天，他母親患了嚴重的中風，這使他著急萬分。當大仲馬在巴黎初露鋒芒的那天晚上，他還沒忘了在每一幕戲的中場休息時，拚命跑回家趕到母親的病床邊探望她，問她想要什麼東西。**也就在那一天晚上，大仲馬的名字震驚了全巴黎，而他當時卻在母親病榻前挨到了天亮。**

大仲馬作品中所描寫的人物形象鮮明，栩栩如生，即使我們現在讀了，仍不禁深深地感受到一種親切。有時他在寫作時也會情不自禁地哈哈大笑起來，好像他筆下的人物正出現在他面前似的。**許多小說家都認為寫作是一件可怕的事，而大仲馬卻運用他的生花妙筆，很自然而輕鬆地吐出了如絲一般綿長而燦爛的故事。**

他精力飽滿，時常乘車或騎馬出外旅行，他的足跡幾乎遍布整個歐洲。他常常會同時寫五篇小說，作為長篇連載在報紙上刊登。他沒有時間去閱讀自己所寫的書，但是卻有時間用刀劍和手槍與別人決鬥了不下二十次。

巴黎是一座寬宏大度的城市。然而大仲馬的戀愛生活，甚至在浪漫寬容的巴黎人中間，也廣受非議。最後，連他自己的兒子都厭惡地離開了他。

有一次，一個朋友在午後三點鐘左右拜訪這位大名鼎鼎的小說家，結果發現他幾乎是扎在了女人堆裡。一個坐在他的膝蓋上，一個睡在他的腳旁邊，還有一個側身子斜靠著，站在他椅子背後，正在熱烈地吻著他那腫脹的嘴唇；而且，這三個女人身上所穿的東西非常少，幾乎就是一絲不掛。

這些女人是真的愛大仲馬嗎？絕不是這樣！說起來的確很讓他傷心，她們所愛的只不過是他的錢財而已。等他的錢財都被騙光之後，這些女人便不再願意理睬他了，所以，大仲馬的晚年非常窘迫，有時為了房租，甚至不得不將外衣拿去典當。如果不是他的兒子替他還清債款的話，他或許會被餓死。

大仲馬臨死前不久，他的兒子發現他在看一本《三劍客》。

「父親，你覺得這本書怎麼樣？」他兒子問道。老人說：「不錯，還好。」好嗎？我也覺得是好。假如你想知道什麼是快樂的話，就趕快拿起《三劍客》來再讀上一遍吧。自從它出版之後，全世界出版了無數類似的小說，然而它們大都隨著時間的消逝而銷聲匿跡了。但《三劍客》是不朽的，從現在起的幾百年後，你的曾孫、玄孫，以至玄孫的玄孫都會在某個晚上挑燈夜讀的！

9 短篇小說家——歐・亨利

你能猜到誰是當今世界上最著名的短篇小說家嗎？你肯定讀過他的小說。他的著作已經銷售了六百萬冊以上。而且，幾乎已經譯成了世界上所有國家的文字。他大約出生在七十年以前，筆名叫做歐・亨利

他的一生是個不顧各種艱難，與各種困苦抗爭到底而取得成功的典型例子。

歐・亨利一生當中最大的遺憾是接受的教育太少。他從沒有進過高等學校，甚至連大學是什麼樣子都不知道。然而，他寫的故事卻被許多大學奉為經典之作。

另外，讓歐・亨利常常感到煩悶的是他的身體虛弱，有的醫生還認為他會死於肺癆。因此，他離開家鄉前往泰塞斯，在那兒放羊——很久以後，有許多遠方的遊客要來拜訪他的「牧羊場」。他們將汽車停在牧場邊上，然後必恭必敬地踏上歐・亨利當年放羊的那塊土地。

他還有著更為不幸的遭遇，那就是他曾經被關進過監獄。

那件事情的經過是這樣的：歐・亨利恢復健康之後，在德克薩斯州的奧斯丁

找了一份在銀行裡做出納的工作。當地的牧人們有這樣的一種習慣，即當銀行裡的辦事人員忙得不可開交的時候，可以走進銀行去自己取款，自己需要多少錢便可以取多少，取完錢以後再打一張收條就可以了。

有一次，監管人員在查庫時，發現錢幣少了，於是擔負保管之責的歐·亨利被捕了。儘管他確實沒有偷一分錢，但最終的結果還是在監獄中待了五年之久。

「坐牢」對別人來說，是一件讓人感到羞恥的事情，但對於歐·亨利來說，卻是一件「幸運」的事。因為如果他不曾入獄當囚犯，他就不會安心下來從事寫作並最終名垂後世。

最近，我和一個監獄的典獄官拉維斯交談過，他告訴我，幾乎在這個監獄中待過的每一個人都想記錄下自己的一生。其實，這個監獄中的許多犯人確實都很想寫作，以至於監獄學校還特意為他們開辦了一門短篇小說寫作技巧的課程，讓犯人們自由選修。當然，他們中間很少有人能夠獲得成功。但是，有不少著名的人物都曾經在監獄中從事過寫作事業，這卻是一個不爭的事實。

10 英國大戲劇家——蕭伯納

他生性木訥，性格內向，就連到朋友家敲門都害怕，但他卻成了當代第一戲劇家

偉人們的名字即使用縮寫字母，也能在世界上通行。我所知道的兩位名人就是這樣的：一位是F.D.R——美國第三十二任總統富蘭克林．羅斯福；另一位是G.B.S——著名的愛爾蘭戲劇作家蕭伯納。

一提到G.B.S人們就會自然而然地想到大文豪蕭伯納。他寫的那些有趣的傳奇故事，都以縮寫名字G.B.S而聞名，而不是以全名George Benard Shaw流傳於世。

蕭伯納的一生聲名顯赫，但他只接受了五年正規的學校教育，就是這短短的五年，造就了當代一流的、並且獲得了文學領域的最高榮譽——諾貝爾文學獎的大作家。當時諾貝爾獎的獎金有三萬五千萬美金。不過蕭伯納所看重的並不是名譽和金錢，他當場就把獎金捐贈給了「瑞典文學聯盟」，這一巨額獎金在他手裡只逗留了幾秒鐘的時間。

他父親出身於破落的貴族，家境並不富裕。他深愛著的母親又因為和他父親的婚姻出現問題，引起了非常富有的伯母的不滿，結果財產繼承權被剝奪了。全家的生活越來越窘迫，十五歲的蕭伯納只好外出謀生，從事月薪只有四十元的文員工作。

蕭伯納在十六歲到二十歲之間做過出納、兼職打雜工等工作，週薪是八十元。然而，由於他出生在美術、文學、音樂氣氛非常濃厚的書香門第，在耳濡目染，潛移默化之下，他覺得自己不適合這些事務性的工作。在七歲那年，蕭伯納就讀過莎士比亞的《哈姆雷特》、約翰．布里安的《天路歷程》以及《天方夜譚》等許多名作。十二歲時，他熱中於拜倫的詩作，更沉迷於狄更斯、大仲馬、小仲馬的小說，對雪萊的詩也非常感興趣。

他還廣泛涉獵著名的登山運動員喬恩．泰爾塔魯的哲學、經濟學家約翰．史蒂雅德．密爾以及以哲學、社會學與進化論聞名遐邇的赫伯特．斯賓塞等人的著作。

這些名著不斷地激發著他的思想——人是靠思想活動的動物。

蕭伯納在受到這樣的啟發以後，當然不喜歡碌碌無為的生活，他所嚮往的都是文學、美術等遠離世俗世界的藝術生活。在他二十歲之際，他暗暗發誓——**人生只有一次，絕不能讓自己的一生虛度在普通的事務上。**

於是，一八七六年，他決定前往倫敦，開始自己的筆耕生涯。

在倫敦的最初九年裡，他不停地寫啊寫，但卻連自己的溫飽問題都解決不了。他把全部身心投入到寫作上，每天不論心情如何，他都要求自己必須寫上五頁紙。後來，他在回憶這段歷程時寫到：「那時，由於我剛開始創作，常常連寫上五頁紙都感到很困難。」

經過長時間不懈的努力，他終於完成了五部長篇小說，其中有一篇就是眾所皆知的《藝術家之間的戀情》。然而在當時，美英所有的出版社都拒絕採用，只有一家出版社告訴他，可以考慮他以後的作品。他送了好幾次稿子，但得到的卻是同樣的回答。出版社之所以拒絕出版他的作品，不是因為他的小說文筆不好，或者沒有可讀性，而是小說的內容與當時的社會潮流顯得格格不入。

那時的蕭伯納窮得連送稿的路費都沒有。從下定決心以寫作為業開始，一直到九年後，他所得的稿費加在一起總共只有三十美元，平均起來每個月只有一便士。他穿的衣服非常破舊，因為長期坐著不動，褲子的屁股部分磨出了小洞，鞋底也磨得盡是窟窿。因此，人們經常能看到衣衫襤褸的蕭伯納，小心翼翼地遮掩著衣服上的破洞，狼狽不堪地出入於倫敦的大街小巷。

蕭伯納的生活只有依靠他母親向麵包店、雜貨店賒帳來救濟他。在此期間他所得的三十美元，包括他擔任選舉時的計票員所得的五元，以及一名律師以廿五元要求他寫一篇關於賣藥文章的報酬。

這樣能活下去嗎？當然不！他慚愧地說：「本來應該是我來養家的，沒想到最終的結果反倒是這個家來養我，這個家已經夠貧苦的了。」現在他也常回憶說：「我沒有對自己的家庭做過任何貢獻，母親反而要分出精力來照顧我。」

後來處境慢慢好了起來，他終於可以靠著寫作自食其力了。替他帶來第一筆稿費的，是一個並不出色的劇本。實際上，廿一年來，他一直有一個夢想——賺一筆錢，然後娶一位富家千金。

蕭伯納常常在眾人面前對社會非常重視的傳統如婚姻制度、教會、民主主義等進行批評，從來沒有人敢如此大膽地對這些東西大加評論。這個表面上看起來大膽而激進的人物，實際上卻是一個內向、怯弱的人。關於他，有一個讓人吃驚的、發生在泰晤士河畔——他的一個朋友住所附近的故事。

「我不得不敲他家的門，在這之前，我在河畔徘徊了二十分鐘左右，後來幾乎想放棄訪他的念頭而逃回家去了。然而我的本能告訴我——如果要在這個世界上有所作為的話，就必須超越自己的怯弱。最終我鼓起勇氣敲響了他家的門。年輕的我，是如此的內向、怯弱。」蕭伯納回憶道。

另一方面，他又非常重視在公共場合行為舉止方面的禮儀。在他的聽眾中，資本家多於無產者，他不願成為金錢的奴隸，所以他演講從來都是分文不取。

一八九六年，蕭伯納結識了夏露德．蓓唐菲女士，當時他已經四十歲後，而她則是一名三十九歲的老小姐。她是個非常富有的資本家，此時的蕭伯納也因劇本在美國暢銷而賺了不少錢，一年的收入大概在十萬美元以上。

她竭盡全力在社交界大力宣傳蕭伯納所倡導的費邊主義（編按：即建立民主的社會主義國家，為後來工黨的前身），這足以說明她是多麼支持蕭伯納，然而，對她的幫助他毫不領情，相反他還氣憤地指責她：「我從未見過像你這樣無聊的女人！」

在他們交往的前兩年，蕭伯納絲毫沒有結婚的打算，直到一八九八年，夏露德因公務動身前往羅馬，當她抵達羅馬時，蕭伯納病重的電報也同時到達，她立即丟下一切趕回倫敦。結果發現，因過度疲勞而疾病纏身的蕭伯納躺在辦公室裡，這個又髒又臭又小的辦公室讓夏露德大為吃驚，蕭伯納也自嘲地說：「即使派七個傭人同時來打掃，恐怕也得花上五十年才會打掃乾淨。」

有著一雙不時閃著光芒的碧眼的女資本家夏露德，立刻把他帶到鄉下的別墅中，無微不至地照顧他，為他治病。蕭伯納病癒後，立刻把一只結婚戒指和一份結婚證書遞到了夏露德手中。

蕭伯納說：「我實在沒有資格結婚，因為我總是讓人擔心。」

他們持續四十五年美滿幸福的婚姻，一直到一九四三年蕭伯納夫人去世。大家都認為蕭伯納將會先她而死，因為她看起來要比他年輕二十歲，雖然他們的實際年齡只相差了四個月。

11 英國大文豪——毛姆

毛姆因為《雨》這部傑作得了二十萬的收入，可是當初他構想這個故事時只花了五分鐘也不到的時間

你認為有史以來最偉大的劇本是哪一部？當紐約的權威劇評家在一次用不記名投票的形式選出人類歷史上最偉大的十部劇本時，第一名的榮譽可無爭議地歸於三百年前莎士比亞的傑作《哈姆雷特》，而位居第二的劇本，你猜是什麼？它不是《馬克白》，不是《李爾王》，也不是《威尼斯商人》，而是《雨》。

是的，是《雨》這部以性為經，以宗教為緯，反映那些在南海地區掙扎的人的內心生活的劇本，這部劇本是根據薩墨塞特．毛姆的一個短篇故事改編而成的。

事情的經過是這樣的：他寫了一篇名叫《薩迪．湯普森》的短篇小說，這個故事他並沒有費多少腦筋。碰巧有一天，劇作家約翰．科爾頓在他家裡過夜，他在睡覺前想要看點什麼東西，毛姆便隨手把《薩迪．湯普森》給了他。

不料，科爾頓一下子就被它吸引住了，它使他激動不已，他興奮得走下床，在地板上慢慢地踱來踱去，並計劃把這篇小說改成一本劇本，一部注定要成為不朽之作的劇本。

第二天早晨，他急急忙忙地跑到毛姆那裡，說道：「這些故事實在是棒極了，它完全可以成為一部美妙的劇本。對此我考慮了一整晚，你可別問我睡得好不好，才不呢，就是因為它，我一整夜沒有合眼！」

但毛姆並沒有被他的話打動。他用他那清脆的英國聲調說：「一部劇本？噢，是的，也許是，一種無聊的戲劇，也許可以在舞台上流行六個星期。可是它不值得特別注意，實在是不值得。」

但事實上，這部他自認為不值得加以注意的劇本，卻給他賺了二十萬。

當這部劇本完成後，幾位戲劇製片人拒絕接受，他們認為它必將失敗。後來，薩姆．哈里斯接受了它。他指定一位年輕的女演員珍妮．伊格爾斯主演，但是負責推廣戲劇的經紀人對此卻頗有微詞，他認為只有找一位較有聲望的人演女主角才有成功的可能。

經過一段時間的爭取，珍妮．伊格爾斯終於得到了主演的機會，她扮演的薩迪．湯普森非常富有熱情和魔力，她因此而紅透了百老匯。她在擁擠不堪的劇院中連續表演了四百一十五場，幾乎場場爆滿，其聲譽經久不衰。

毛姆寫過多部有名的作品，如《人性枷鎖》、《月亮和六便士》、《小圈子》、《伊甸園東》等。他也寫過十多部精彩的劇本，可是他那最著名的劇本《雨》卻不是他親手改編的。

現在人們都把他看成是一個天才的劇作家。但是自從他開始寫作的十一年裡，他就從來沒有擺脫過經濟窘迫的境況。想一想吧，這位後來賺了一百萬稿費的作家，在他寫劇本、寫小說的前十一年中，每年的收入卻只有五百元。因此他常常要忍飢挨餓，他非常渴望能得到一份有固定薪金的寫作職業，卻一直未能如願。毛姆告訴我說：「**我之所以要不停地寫，實在是因為我找不到別的工作。**」

他的朋友對他說，他這樣不停地從事寫作，實在是愚蠢至極。他是醫專畢業的，所以他們極力主張他放棄寫作而去行醫。但是他立志躋身於英國文學界的決心卻始終沒有動搖。

有一次，以《信不信由你》聞名於世的漫畫家里普利對我說：「**如果一個人在懷才不遇的境地中掙扎了十年，那麼，他將很可能在十分鐘之內一舉成名。**」這正是普利和毛姆之間相同的經歷。

毛姆終於獲得了成功機會。有一次，有一位劇作家的劇本在倫敦上演遭到失敗，劇院的經理一籌莫展，只想著盡快把這部劇本換下來。他並不是奢望能拿到什麼偉大驚人的劇本，只要能將就著把原來那個失敗的劇本替代就行了。於是他就在書桌上尋找，他找出了一部毛姆寫的作品《弗雷德里克夫人》。這本書已經在他桌子上放了一年了，他讀過這本書，在他看來它並不是一部好劇本，不過至少能夠應付一些日子。但令他始料不及，更驚喜不已的是，《弗雷德里克夫人》獲得了空前的成功，整個倫敦都在談論它。它被看成是王爾德那著名的對話以後的唯一名劇。

立刻，倫敦各大劇院的經理都慕名前來求毛姆給他們寫劇本，他從書桌裡把以前的作品都找了出來。於是，在短短的幾個星期內，他就有三部劇本占據了這個城市的舞台。

貴族在劇院花費大量金錢，出版商競相求購這位新出現的天才的作品。拜訪他的社會人士絡繹不絕，在經過十一年的不得志後，倫敦市長在為他舉行的歡宴中舉杯向他祝賀。

毛姆對我說，他從來不在下午一點以後進行寫作。他說在下午他的腦子就會有些麻木，不是很靈活。他通常在里維埃拉海岸附近的摩爾式的別墅裡寫作。在他開始寫作之前，通常都要花一小時吸煙斗，同時閱讀一些哲學方面的書籍。

他告訴我，他一點都不迷信，可是他把一隻看起來有點邪惡的眼睛，印在自己的每一本書上，他肯定把它作為自己的保護神。因為這一奇怪的標誌也出現在他家中的餐具上。我們還可以在他使用的文具上、他玩過的牌上見到它。他還把這隻眼睛刻在他家中的壁爐上，甚至於還把它刻在了通往他家的別墅的入口處。但是當我問他是否真的相信它時，他卻只是笑而不答。

12 文壇怪傑——德萊塞

上帝的仁慈和三杯利克酒，為美國文壇帶來了一位怪傑

西奧多．德萊塞是美國最令人驚奇且出類拔萃的小說家之一。大約有三十多年，像一頭短角野牛的他，在文學界橫衝直撞，咆哮怒吼。他對美國的文學有著相當大的影響。沒有德萊塞的出現，現在美國人所讀的書也許就是另一番模樣了。

一九〇〇年，他的一本名為《嘉莉妹妹》小說轟動了全國，一面世立刻激起了公憤。批評家痛斥淫穢不堪，傳教士對它進行怒斥，婦女協會也憤怒至極，群眾一致要求取締這本書。對此，出版商大感驚恐，拒絕代為銷售。

德萊塞不禁愕然，他不知道在自己的小說裡有哪些不道德的事情。他只不過是真實地描繪出了他看到的人生。但是，那是在一九〇〇年的事了，現在，卻沒有一個人會去斥責這本書了。而且，假如你想買那本小說的第一版，就需要你出三百五十元的高價了。有一次，我對這位頭髮灰白、刻薄、憂鬱而又粗暴的大漢進行了拜訪。他那粗鄙露骨的言談著實讓我大吃一驚，以至於我常常笑得前仰後合。

他個性直率，這使得他往往言必由衷。所以每逢他去參加人多的宴會時，常常會成為一個主人不得不非常留心的「問題人物」。例如在一次宴席上，他和紐約一位有名的銀行家討論到了關於俄國的問題。他竟罵這位銀行家是個笨蛋，並把他稱為土匪。德萊塞說，在這個問題上就是他最愛的人他也絕不會讓步。

他寫成了許多關於美國人的生活並且為其他人所不曾寫過的小說。他的那部最偉大的小說《美國悲劇》是在一九二五年出版的，那時他正窮得連房錢也付不起。這本書轟動了全國，四十萬元的巨款落到了他的手裡。好萊塢為了買他這本小說的拍片權就給了二十萬元。我問他一下子得了這麼多的錢，會如何使用和分配？他說，他把它們用來買股票、債券和抵押款，結果損失了三十萬元。

德萊塞所寫的故事之所以能赤裸裸地揭露人生的真實，完全是因為他從小就是在困苦中長大的。他的母親靠替別人洗衣來養活十三個孩子。因此小德萊塞時常要挨餓受凍。他沒有睡覺的床，因此，他就像小狗一樣躺在地板上的一個破草蓆子上。他經常到鐵道邊拾煤塊，用它們來烘暖屋子。有時候，他還不能去學校上課，因為沒有鞋穿。

當真的有一天進了學校後，他卻非常頑皮，並不好學。他拒絕讀那些為他指定的功課。他憎恨算術，並輕視語法。他對我說，他從未學過什麼文法，並且也從來不曾打算學。他發誓說，假如依照他的意見，他將把所有的語法課程與英國文學、所有短篇小說創作課程和一切新聞學校全部取消，他說作家不是這樣造就的。

德萊塞突然有一天決心去報社做記者，因此，他向《芝加哥環球報》去了一封信，請求能給他一個位置。報社答覆說他們暫時還不缺少人手。結果，他就搬了一把椅子坐在那家報社門前，並且威脅道，他要一直坐在那裡不走，直到用他為止。

他真的每天去那裡坐著，一共坐了有一個多月之久。直到一八九一年六月，恰逢民主黨全國大會在芝加哥召開，報社正好需要雇用幾個臨時記者。於是，便給了他一個位置。然而，不久便發生了一件難以令人置信的事情。

這位剛上任的粗暴記者一生還不曾為任何一家報紙寫過一行新聞。有一天，他和幾位同事在芝加哥歐第特里姆大飯店的櫃台前喝酒，與德萊塞同席的其他幾位記者正唉聲嘆氣地說，誰也猜不透民主黨的候選人是誰，德萊塞當時喝了幾杯雞尾酒，已有幾分醉意了，他為了在眾人面前顯示一下自己，便信口說道：「誰將被指定為民主黨的候選人？我知道啊！誰將是一匹黑馬，那就是南卡羅來納州的上議員麥肯迪。」

事有湊巧的是，正當他說這話時，參議員麥肯迪恰巧走了進來，他問道：「誰給了我這種榮幸，提到了我的名字？」

德萊塞承認是他說的。麥議員說：「很好。讓我們一起去喝上幾杯吧。」

五分鐘後，他請德萊塞一同吃飯，並喝了幾瓶好酒。麥議員在半醉中對德萊塞說：「我要請你到華盛頓去做我的私人秘書。」

兩人吃完飯之後，麥肯迪說道：「聽著，小伙子，我告訴你一件非常機密的事情。克利夫蘭將被推為總統候選人，你是第一個知道這件事情的報社記者。」

德萊塞大為震驚。要知道他才做了兩天的記者，就得到了本年度最為重大的一條新聞。沒出幾個月，聖路易城的《環球民主報》就聘請他去當編輯。在該報做了三個月後，該報的一名戲劇編輯因事辭職，德萊塞被委派填補這一空缺。他自己也不明白報社為什麼派他去接任，因為他對戲劇一無所知。

星期一的一個晚上，聖路易城有四家劇院在上演不同的戲劇，而德萊塞因為分身無術，不能同時到這四處，因此，他只去了其中的一家，其他三家的評論則是憑著想像寫出來的。這劇評寫得維妙維肖，就好像他真的坐在前排看過一樣，他甚至對劇中人物的表情也給予了充分和詳細的批評。到第二天報紙登出來之後，他才知道前天晚上因為鐵路被洪水沖毀了，那三家劇團根本就沒有來過聖路易城。

這可糗大了！於是，他對自己不滿，就將報社的工作辭去。

我向他請教他成功的秘訣，他笑了笑，說道：「完全是靠上帝的仁慈，別的什麼也沒有。」

13 科幻小說家——威爾斯

他的一支筆為他帶來了幾百萬的收入，但是他當年飽嘗的艱辛和他後來的收入一樣多

六十多年前，在倫敦近郊的街道上有一群頑童在玩耍，他們玩得正歡的時候，一件意外的事情發生了：一個年齡較大的孩子把一個名叫威爾斯的小孩抓了起來，將他高高地拋到半空中，但當他向下墜落時，這個大孩子竟然沒有接住他，而使他直接跌了下來，結果把腿給摔斷了。

年幼的威爾斯痛苦地在床上躺了好幾個月，但他的腿骨始終沒有完全復原，隨時都有再度裂開的危險，這是一件多麼可怕的事啊！當他一想到自己的前途的時候，就感到萬分恐懼和悲傷。

可是，小威爾斯並不悲觀，而是敢於面對現實。他後來竟成為世界上著名的作家——他就是赫伯特．喬治．威爾斯！他一共寫了八十多部作品。

現在，他自己也承認，那次把腿摔斷也許是他平生遇到過的最幸運的事情之

一。所以這樣說，原因在於因摔斷腿使得他在屋子裡整整待了一年。在這一年當中，他貪婪地讀著他所能夠得到的每一本書，因為除此之外他沒有任何事可做。這一年過去之後，他對書產生了一種強烈的嗜好，一種對文學的深深熱愛。他從書中受到了啟發，得到了鼓勵。他決心要出人頭地，從單調、沉悶的心境中擺脫出來。於是，摔壞腿就成了他一生的關鍵。

赫伯特．喬治．威爾斯的稿酬收入很高，每年至少有一百萬。而他原本出身貧窮，他的父親曾是職業曲棍球員，曾開過一家小規模的陶器店，但生意不是很好。他就是在那家小店的內室裡出生的。這間小房既是臥室，又兼做廚房，狹小且又髒又暗，只能從牆壁的破磚縫裡射進一點點亮光。

最令威爾斯不能忘記的是，他童年時從這條破磚縫裡看到了許多來來往往的人的腿。許多年後，他以他所觀察到的「腿」為題材，寫了一篇有趣的文章——他認為從一個人穿什麼鞋子，可以判斷出這是一個怎樣的人。

最後，那間陶器店不得不關門。這個家庭陷入了一種絕望的困境中，於是，他的母親不得不到一個大莊園上去替人家當佣人，與一般的僕人住在一起。威爾斯時常到那兒去看望母親。在那裡，他第一次看到了英國上流社會是怎樣的生活——當然，他是從僕人的住處，通過他們的眼光觀察到的。

這位《時間機器》、《星際大戰》的作者在十三歲時便獨自外出謀生了。最初，他在一家絲綢店裡當夥計。清早五點鐘他就得爬起來，負責打掃店鋪、生火，每天要辛苦地幹上十四個小時。那是一種體力活，他蔑視這種低賤的生活，因此往往不能很好地完成工作。到月底的時候，經理便辭退了他。

他氣憤地離開了這家雜貨店，但暗中慶幸用不著自己辭職。

接著，他又進了一家藥店，仍然做記帳的工作，但一個月後他再次被辭退，這次老板連辭退的理由也沒有給他。

終於，他又在另一家雜貨店找到了一份工作。這一次，他體會到了生活問題的嚴重性，不再隨意耍性子，開始認真地做工作。但他仍然經常趁著無人防備的時候，獨自一人偷偷地躲到地窖裡，翻讀他所喜愛的赫伯特·斯賓塞的作品。

這樣的生活持續了兩年，他實在無法忍受了。在一個星期天的早晨，他很早就起床了，連早飯都沒有吃，空著肚子一口氣步行了十五里，去找他的母親。他心裡異常煩亂，他向母親傾訴了自己的煩惱。他傷心地痛哭著，並發誓說如果還要他去那個店裡去幹活，他就自殺。

後來，他寫了一封淒切動人的長信給他以前學校裡的老師。威爾斯向他述說了自己的悲慘處境，說自己非常迷茫，簡直不想再活下去了。出乎他意料的是，這位老師竟然回了信，並替他介紹了一份非常適合他的工作——當一名教師。

這可以說是威爾斯一生的第二次重大轉機。不過，威爾斯認為幼年在雜貨店的工作，也並非毫無意義，因為他一向十分懶惰，**經過在雜貨店兩年多的鍛鍊，使他明白了一個道理：人要想成功，必須奮發圖強。**

威爾斯在執教後數年，又遭遇到一次突如其來的危難。事情是這樣的：他當時正擔任一場足球比賽的裁判員，當比賽正在激烈進行的過程中，他突然被一個球員撞倒，隨即又被後面衝上來的球員踩踏而過，他的肺部和腎部嚴重受傷，使他奄奄一息。

在醫院裡，許多名醫都束手無策，只好聽憑病情自然發展，結果誰也沒有想到，他竟然僥倖活了過來。不過，他已變成了一個殘廢，並且接下來過了十二年痛苦的生活。但正是這段痛苦的經歷，使他成為一位舉世聞名的作家。

他發憤寫作了五年。他所寫的小說全都陰沉暗淡，充滿著對人類未來命運的悲觀和擔憂，而且都是以一種業餘的角度來切入的。他自己也頗有自知之明，後來他幾乎把這個時期所寫的書稿，全都付之一炬了。

最後，他還沒有完全恢復健康就又在學校找到了一份教書的差事。在他教生物學的一個班上，有一個漂亮的女孩，她的名字叫凱瑟琳·洛賓娜。威爾斯和她一見鍾情，立刻發現自己對凱瑟琳比對生物學更加感興趣。她也體弱多病，幾乎和他一樣。他們都想把他們可能得到的全部快樂立刻抓到手中，於是他們很快就結婚了，並開始了愉快的生活。

威爾斯雖被球員踩傷，並僥倖地逃過了一死，但他並不因此而灰心喪氣，他每年都會完成長篇巨著。在他的努力之下，這些著作終於發射出了耀眼的光芒，照遍了世界的每一個角落。

威爾斯的寫作地點不固定，或在倫敦的辦公處，或在車上，或在一望無際、波浪滔滔的地中海海濱。總之，他隨時隨地都可以進行創作。他在法國租了兩幢別墅，一幢專用來寫稿，另一幢則作為會客使用。他的習慣是白天專心投入寫作，而在晚上會客。

如果他不能到車站上去親自迎接他的客人的話，他便會派一輛性能極佳的汽車去接他們，並且把他那封存藏酒的地窖鑰匙和車子一道送交客人。當他最後出現在客人面前的時候，客人們無不歡呼雀躍。

「第五部　魅力女人」

- 埃及豔后——克麗奧帕特拉
- 拿破崙之妻——約瑟芬
- 身殘志堅的——海倫．凱勒
- 作曲家——邦德夫人
- 神秘影星——葛麗泰．嘉寶
- 影壇巨星——凱薩琳．赫本
- 「灰姑娘」——海倫．傑普森

1 埃及豔后——克麗奧帕特拉

克麗奧帕特拉是一個有著絕色美貌和超人智慧的女人，她是埃及皇后和女神，尼羅河上的一朵奇葩

克麗奧帕特拉已經去世兩千多年了，但是她的芳名卻一直照耀著人類逝去的無數個世紀。當她三十九歲的時候，她就自殺了。然而，就在她那短暫的放蕩生活中，她贏得並保持了當今全世界最偉大的兩個男子的熱愛，那兩個男人就是安東尼和凱撒大帝。

凱撒曾經征服了幾乎整個世界；然而，他卻被克麗奧帕特拉征服了，而她是如何征服他的呢？這是古代歷史上最具戲劇性的事件之一。

公元前四八年，凱撒到達亞歷山大城時，克麗奧帕特拉正身處困境之中：她不但被趕下了台，而且身上一文不名，生命也是危在旦夕。原來，她曾嫁給本族的兄長，後來與他意見不合而發生爭吵，雙方都不肯退讓。於是他向她宣戰，她不幸戰敗。為了保全性命，她只好忍痛拋棄一切，偷偷地逃出埃及，又獨自一人悄悄回到亞歷山大城。

凱撒早已聽說過她的名字，因此對她的才貌仰慕已久。現在，他更同情她的不幸遭遇，他願意見她，更願意救助她。於是凱撒傳令要見她。這事非同小可！

在亞歷山大城，到處都有她族兄的偵探，如果她不小心被抓，性命可就難保了。因此，她預先安排妥當之後，趁著黑夜溜進了一條小漁船中。然後，由她的僕人把她迅速地捲在一大張地毯裡。當地毯在凱撒的宮殿裡展開時，美麗的克麗奧帕特拉出現在凱撒的眼前。

當克麗奧帕特拉從毯子裡面跳出來，一面笑著一面繞著房子跳舞，她那晶瑩剔透的玉體令凱撒驚喜不已，他那放蕩的血液瞬間加速循環起來。

凱撒平常喜歡誇耀自己是愛神維納斯的後裔，自命為女性美的裁判者。但是，當他這次看到眼前這個女人時，他被驚得目瞪口呆，克麗奧帕特拉那逼人的美麗使他大氣都不敢出。凱撒心想：「哎呀，為什麼這麼長時間以來，羅馬沒有出現過如此漂亮的女子？」

已經五十四歲的凱撒，見了年僅廿一歲的克麗奧帕特拉之後，被她的美麗驚呆了。而克麗奧帕特拉對鼎鼎大名的凱撒也是傾慕很久了，他們一見鍾情，心中都激盪起了愛慾的烈火。她的美麗和智慧，更令凱撒馴服地拜倒在她的腳下。

凱撒向克麗奧帕特拉宣誓，一定要為她報仇，要好好教訓那些暴徒。於是，他率領那支稱霸一世的羅馬軍隊，只輕輕一擊，就打敗了埃及軍隊，殺得他們全軍潰敗，片甲不留。她的族兄狼狽地逃竄到尼羅河畔，最後走投無路，投河自盡。

從此，克麗奧帕特拉就成了無可爭議的埃及女王，統治著埃及的一切領土。

歲月如流，克麗奧帕特拉給凱撒生了一個兒子——這也是他唯一的兒子。但由於凱撒在羅馬早已有了一個妻子，自然就不能再娶克麗奧帕特拉為妻了。

為了使人們無話可說，並讓她的兒子有一個合法的身分，克麗奧帕特拉想到了一個非常好的策略。她吩咐祭司揚言凱撒並不是一個人，而是一個神。他是太陽神阿波羅的化身，阿波羅附著在凱撒身上回到人世間來與女王生兒育女。

不久，凱撒不幸遇刺身亡。

粗暴的酒鬼——馬克．安東尼繼他之後稱霸羅馬。

當安東尼率領部下就要抵達肥沃的埃及時，他曾揚言說：「好啊！就要到埃及了。讓我們把克麗奧帕特拉的項上人頭割下來吧。」

克麗奧帕特拉心驚膽顫，她怎樣才能夠阻擋安東尼的鐵蹄呢？用船隻和刀劍嗎？肯定不行！用愛情美色或許還可以。

於是，克麗奧帕特拉開始施展她那魔幻般的想像力，她想利用自身具有的天賦的表演才能去駕馭這個暴君。她乘坐著一條張著紫帆的鍍金船去和安東尼見面。

在她的周圍裝飾著《天方夜譚》中的一切華美飾物，一些年幼的男孩裝扮成愛神，用孔雀毛給她搧風；少女們渾身裹著絲綢，踩著沙漠音樂的瘋狂旋律跳著優美的舞蹈。燃燒著的香料裊裊升起的芬芳氣息熏得人如醉如痴；而在這一切東方式的、魔幻般的背景之下，克麗奧帕特拉躺在一張絲榻上，裝扮成女神維納斯的模樣，令人心神搖蕩，欲罷不能。

儘管是大老粗一個的安東尼，也被她那驚人的美貌與夢幻的排場，給誘惑得像一隻馴服了的羊羔，不可救藥地愛上了她，並最終娶她為妻。

安東尼被她誘惑得神魂顛倒，神經也有些反常，竟將整個腓尼基海岸作為禮物送給她；後來，安東尼又接連把費里冠省、塞波拉島、克里特島……都當做禮物送給了她。最後，安東尼乾脆把整個亞洲的管理權也都送給她了。

這種以領土為禮物隨便送人的行為傳到羅馬之後，立刻引起了羅馬人的痛恨和憤怒。要知道，這一切領土都是經過無數羅馬士兵成百上千次的浴血奮戰贏來的，上面流著無數羅馬人的熱血。難道現在安東尼僅僅為了滿足他的一個埃及女人，就把它當成玩具一樣扔掉不成？

安東尼對此也很明白，他知道自己遲早都會成為羅馬大軍的俘虜，並會被處死。於是他只好搶先一步舉刀自戕，在痛苦中扭動著身軀，死在克麗奧帕特拉的懷抱中，臨死的時候還親近地緊貼著她，一如他生前一般。

克麗奧帕特拉也曾對安東尼發誓，絕不能被羅馬人擒獲，免得在羅馬街上丟人出醜，受盡嘲笑和捉弄。因此，當他自殺以後，當晚她也自盡了。

至於她是用什麼方法自殺的，這個問題到如今還是個疑問。

甚至在她死後的二十分鐘內，第一個發現她屍體的人，也無法回答這個疑問。

她死後，被埋葬在安東尼的墓旁。

2 拿破崙之妻——約瑟芬

一個出生在漁村的貧窮女孩，贏得了當時歐洲最傑出的男人忠貞的愛

約瑟芬比拿破崙大六歲。當他們第一次見面時，她已經三十三歲了，而他當時只有廿七歲。她長得並不怎麼漂亮，她的牙齒也不好看。而且，她還有兩個未成年的小孩子。此外，她還負債累累。

當她的第一位丈夫被法國的革命者送上斷頭台殺死時，她曾一度悲慟欲絕，擔心從此失去了保障，再也沒有人會可憐她、幫助她了。因此，她下定決心要效仿一些聰明的寡婦所走過的路，為自己再找一個丈夫。

有一次，她聽到一個朋友講拿破崙的事情，因而對他很是欽佩。儘管拿破崙在當時還沒有什麼名氣，也沒有什麼錢財，但他剛從戰場上歸來，正渴望成名，而約瑟芬也相信他將來一定會成就偉大的事業。所以，約瑟芬很希望能見上他一面。

但是，如何才能與他取得聯繫呢？她想出了一個很聰明的辦法。她打發她那只有十一歲的兒子，去問拿破崙手上是否有這個孩子過世的父親曾經用過的那把軍

刀，拿破崙回答說他有。第二天，約瑟芬便精心地打扮了一番，眼睛裡噙著淚水，跑去向拿破崙道謝。

這次見面，約瑟芬的性格和她那迷人的媚態，在拿破崙心中留下的印象很深。當時，約瑟芬的社會地位要高於拿破崙，所以，當她邀請他到她家喝茶的時候，他不禁有受寵若驚之感。在茶敘中間，她對他說，他將成為歷史上最偉大的將軍……

三個月之後，他們就宣布訂婚了。

拿破崙重視時間，非常守時，他常常說：「時間萬能，時間萬能！」而且他還說：「在我的一生中，也許會打幾次敗仗，但我絕不會毫無意義地浪費時間。」

然而，他卻在與約瑟芬舉行結婚典禮時遲到了，使得她在聖壇前著急地等候了兩個小時。

拿破崙在新婚四十八小時後又重返義大利前線督戰。儘管他的軍隊素質良莠不齊，而且兵士們在經歷了多次大戰之後已經極度疲憊，但在他「只許前進，不准後退」的強制命令下，經過幾次激戰之後，竟然獲得了最輝煌的戰績。這使得全歐洲的人都不得不對拿破崙的才能表示嘆服，拿破崙的威名也從此傳遍了全世界。

今天，最值得我們驚奇的並不是拿破崙作戰勇敢，而是在軍情萬分緊急的戰場上，他竟還有心情給約瑟芬寫信。尤其難得的是，他的信熱情似火。我們不清楚拿破崙究竟給約瑟芬寫了多少封熱情洋溢的信，但我們所知道的已經陸陸續續發現了八封，在一九二三年的倫敦拍賣場拍賣時，這些信的售價竟高達兩萬美元。

我曾經讀過這些情書，並且認為它們售出這樣的高價當之無愧。拿破崙在其中一封情書中這樣寫道：

我親愛的約瑟芬：

你的愛情無時無刻不在激勵鼓舞著我，連我的理智都被它帶走了——我整天茶飯不思、寢不安席——我不關心我的朋友也不在乎我的榮耀；我之所以重視勝利只不過是因為它能使你高興。如果它不能讓你感到歡喜的話，我寧願立刻離開軍隊，趕回巴黎，拜倒在你的石榴裙下。

你用一種無盡的愛激勵鼓舞著——你令我如醉如痴——我時常注視著你的玉照，並用親吻覆蓋著你的芳容……

我們讀過拿破崙的日記，也讀過許多拿破崙寫的東西，但是當我們再次讀到上面這封信時，就會覺得拿破崙變了，使我們不再敢相信他就是那個縱橫歐洲，所向披靡，英武蓋世的英雄，反而會覺得他是一個溫柔而馴服的情郎。這封信的確寫得相當痴情了，大多數女性在讀了它以後，都會燃起一股熱情。

約瑟芬讀了這封信之後，並沒有心潮澎湃的感覺，她只不過淡然處之而已。這確實太令拿破崙傷心了。而約瑟芬此時正在和另一個男子熱戀著，一封信也不肯給拿破崙回覆。

最後，他厭棄了她這種冷漠的反應。當他在埃及作戰時，他邀請了一個黃頭髮、白皮膚的碧眼女郎和他一起喝茶。約瑟芬在遙遠的巴黎聽到了這個消息。當拿破崙返回法國時，可怕的事情發生了——在這種場合下，事情往往會如此。她把她的想法告訴了他，他也把他的想法告訴了她。結果，拿破崙將約瑟芬關在了他的房門外。

於是，家庭糾紛因此開始了。約瑟芬的教養要比拿破崙的姊妹們好，這使得拿破崙的姊妹們又妒又恨，她們覺得她是在輕視她們。這種想法令她們暴跳如雷。她們發誓一定要對她進行報復。她們開始嘲笑她，叫她「老太婆」，並且對拿破崙說，他應當和他的「老太婆」離婚，另外娶一位年輕漂亮的女子。

但拿破崙卻對約瑟芬一再地寬恕，因為他難以抑制心中對她燃燒著的愛情。

最後，拿破崙終於下定決心和約瑟芬離婚，而離婚的唯一原因，是他想另娶一個妻子給自己生一個兒子。這件事讓拿破崙非常傷心，當他在離婚協議上簽字的時候，不禁失聲痛哭。

三天後，他一個人坐在宮殿裡，拒絕與任何人相見，做任何事都沒有心情。

離婚不久，他又與奧國的瑪麗・露易絲小姐結婚了。但是對於這一次婚姻，拿破崙比以前更煩悶。

原來，這位瑪麗・露易絲小姐和其他奧國人一樣，一直很看不起拿破崙。她曾向上帝禱告說：「我不想嫁給他，可是由於政治上的原因，我父親強迫我嫁給他，而我卻沒見過他一面就和他結婚了。我對他沒有絲毫感情，這讓我如何活下去啊？上帝啊！求你指引我……」

當拿破崙屢戰皆敗的時候，這位瑪麗・露易絲小姐不但拋棄了他，還教唆他的親生兒子恨他。

在拿破崙一生中，雖然先後有過幾個女人，但在他心中真正占據永恆地位的，卻只有約瑟芬。在她死後，拿破崙去憑弔她的墳墓，他痛哭著說：

「我的愛人，親愛的約瑟芬，至少她不會遺棄我。」

拿破崙臨終時，嘴裡還在唸叨著「約瑟芬」這幾個字。

3 身殘志堅的——海倫・凱勒

美國大文豪馬克・吐溫曾經說過：「拿破崙和海倫・凱勒是十九世紀最有趣的兩個人。」當馬克・吐溫說這句話的時候，海倫・凱勒還只有十五歲，但時至而今，在二十世紀，她仍是最有趣的人物之一

海倫・凱勒的兩眼完全失明了。然而，她卻比許多有眼睛能看見整個世界的人所念的書多得多——比一般人多出一百倍，而且她自己也完成了七部巨著。她以本人的一生為背景，拍攝了一部影片，而且親自參加表演。她聾得聽不到任何聲音，但她從音樂中所享受的樂趣卻遠比許多有耳能聽的人要多。

她一生中有九年說話的能力喪失了；可是，她卻到美國各洲進行巡迴演說；她曾在演藝界有四年之久以領袖的身分出現；她還周遊過全歐洲。

海倫・凱勒在剛出生時與平常人一樣。在她出生後的頭一年半也和別的小孩子一樣能聽能看，並且還開始學說話了。但是，突然降臨的一次災難毀壞了一切。她得了一場大病，結果，在她出生後僅十九個月，便遺留下了嚴重的生理缺陷；又

聾又啞又瞎，這對她的正常發展構成了嚴重的威脅。

開始的時候，她無法接受這樣慘痛的事實，於是便像深山野林中的野獸一樣生長。她打碎和毀壞一切她不喜歡的東西；她用兩隻手把食物填塞到嘴裡，而每逢有人想要對她的舉止和行為進行糾正時，她便躺在地板上四處亂滾、大哭大叫。

她的父母非常痛苦和絕望，最後迫於無奈，就把她送到波士頓專門為盲人開設的珀金斯學院，懇求一位教師收下她。於是，一位光明的天使安妮・曼斯菲爾德・沙利文進入了她的悲慘生活。當沙利文女士進入那所盲人學校時，年齡也只有二十歲，卻接受了一件幾乎不可能的事情——教導一個又聾又啞又瞎的小女孩。

海倫二十歲時，她的學識已經達到了很高的程度，以至於她能考入拉德克利夫大學，她的教師也跟隨著她。當時，不但她的讀寫能力不遜於學校的其他人，而且她講話的能力也恢復了。她學會的第一句話是：「我現在不啞了！」她翻來覆去地說，感到無比地驚奇和快樂！「我現在已經不啞了！」現在她講話時還略帶一點像是外國人的重音。她寫的書以及為雜誌寫的文章都是用凸版打字機打出來的，如果她想在空白上進行改正的話，便用別在頭上的髮針在紙上刺出一個小洞。

她居住在紐約的福里斯特希爾，距離我住的地方僅有數十步；當我帶著我的小狗出去散步時，常常看見她在花園中慢慢地踱著步，她唯一的伴侶是一隻牧羊犬。

我注意到，她走路的時候總是不住地對自己講話。不過，她並不像你我這樣活動嘴——她活動著自己的手指。用記號的語言對她自己講話。她的秘書告訴我說，凱勒女士對於方向的辨別力不如常人。她往往在家都會迷失方向，而且一旦家具的位置發生變動，她就整個不知所措。有的人因為她的失明便以為她具有敏捷的第六感官，但事實上，她的味覺和嗅覺與常人沒有多大的差異。

然而，她的觸覺還是非常敏銳的，她把手指輕輕地放在她朋友的嘴唇上，就可以明白他們在說什麼，把手放在鋼琴和小提琴的木板上，她就可以欣賞音樂；她甚至能把手放在收音機上，憑藉它的振動來欣賞廣播中的各種節目。她欣賞音樂時，是把自己的手指輕輕地放在歌唱者的喉部，但她自己卻根本無法唱歌，甚至連一個音調也發不出。

如果海倫今天和你握過手，然後在五年後她和你再次相遇並再度握手，她就能通過握你的手而想起你來——而且，你當時的情緒是怒是喜，是失望還是得意，她都能感覺得出來。她愛划船和游泳，尤其喜歡在叢林中縱馬疾馳。她擅長棋類遊戲，一種專門為她設計的模具。她甚至還喜歡玩紙牌遊戲，在桌子上鋪滿一些字和圖凸起來的紙牌。而每逢陰天下雨之際，她會以編織毛線衣來消磨時間。

大多數人都以為失明是世界上最大的痛苦。但是，海倫．凱勒卻說，她對於自己的盲聾並不十分在意。在整個黑暗而靜寂的世界裡，唯一使她感到不幸的，是無法聽到人們發出的友愛的聲音。

4 作曲家——邦德夫人

在幾十年前的一個嚴冬之夜，在北部密歇根茂密的叢林附近，發生了一幕慘劇：佛蘭克．邦德醫生摔倒在冰天雪地之中，不久就去世了

自從這位仁慈的名醫佛蘭克．邦德一家人居住在這叢林地帶以後，這裡一些貧苦的患者猶如找到了一位「慈父」。他們從此不再畏懼病魔，即使生病也不再像以前那樣害怕了，因為這裡來了一位「救星」。

以前，這裡的人們既不知道有「醫生」，也不知道「病」是可以醫治的，他們只能讓病自然痊癒，一旦不幸病重死了，他也認為這是「天意」。而一般醫生也不願到這種地方去。

這天晚上，邦德醫生又被病人家屬請去醫治一個危急的病人。當他準備妥當，吻了吻他的妻子，又說了幾句夫妻之間的私語之後，就匆匆忙忙地出門了。可萬萬沒有想到的是，這幾句話竟是他最後的遺言。五分鐘後，這位仁慈的名醫就摔死在冰凍而堅實的地上。原來，有一個淘氣的孩子想和邦德醫生開一個玩笑，就在

他背後用雪球偷偷地打他。誰知，邦德醫生便因此摔倒在地上死了。

邦德醫生遺留給他可憐的遺孀卡麗傑考白．邦德的全部財產是——四千美元保險費，一個獨生子，以及巨額的負債。

向來體弱多病的邦德夫人突然間遭此慘變，悲慟欲絕。但她現在必須開始獨自一人肩負起家庭的重擔。可是，除了一點兒管理家庭和撫養孩子的經驗以外，她還能做什麼呢？如果讓她去經商，她沒有絲毫的經驗。

許多人可憐她，也願幫助她，但都被她婉言謝絕了。她帶著唯一的愛子來到芝加哥，終止了和各親友之間的往來，她要與命運相抗爭。

她起先做了些買賣，結果都以失敗而告終。後來，她開始寫歌曲，但出版商們不願出版。十五年後，邦德夫人完成了一首新曲《一日終了》，想不到她因這首曲子一鳴驚人。此曲在很短的時間裡便賣出了六百萬份，她也因此而一次得到廿五萬美元的報酬。

這是她經過十五年艱苦而長期的奮鬥才得到的。她剛開始作曲時，即使五美元一曲也沒有人要。那時，她付不起房租。到了冬天，因為外面天氣寒冷而整天不敢離開床鋪，因為她連買木柴的錢都沒有。從此以後，她更是日益地窮困，每天只能吃一餐，而討債的人卻連接不斷，搬走了她屋中的全部家具，只給她留下一點點的生活必需。

她在艱苦的環境下堅忍地奮鬥，依然不間斷地作曲。在此期間，她完成了許多名曲，《我真的愛你》便是其中之一。當她窮得連稿紙也買不起時，就用包東西的紙來作曲子，她沒錢買油點油燈時，就在微弱的燭光下寫作。

有一次，她想在一家音樂雜誌上刊登一則小廣告，對自己的作品進行宣傳，可是這需要一筆錢，她沒有那麼多錢，於是她便主動替該雜誌的女主筆縫紉衣服，以此來折付廣告費用。

當她第一次參加演出時，唱了自己寫的歌曲，但整整一個晚上的報酬只有五美元。後來，她的聲譽越來越高，被英國知名人士佛蘭克・麥凱夫人聘請前往倫敦，她只演唱十二分鐘，便得到了一百美元，而且還不包括路費。

然而，她永遠都無法忘記的是，當她第一次去遊藝會演唱時，竟遭到了聽眾的辱罵，這讓她非常難堪。她立刻從後台溜到街頭，帽子沒有戴，大衣也沒有穿，傷心得淚流滿臉。但她並沒有灰心，而是更加努力地督促自己。十多年後，她的目標終於實現了，真正揚眉吐氣、芳名遠傳了。

5 神秘影星——葛麗泰・嘉寶

在全世界有兩個鼎鼎大名的人物都曾在理髮店裡工作過。當理髮師磨著他們的剃刀，準備給顧客剃鬍鬚的時候，這兩個人就在剃鬍子的杯子裡面攪拌著肥皂液，並把它塗在顧客臉上。這兩個人就是葛麗泰・嘉寶和查理・卓別林

當嘉寶初到美國時，這兒的人從來沒有聽說過她的名字，她甚至連英語都不會說。不過這是八年以前的事情了。如今，廿七歲的嘉寶已經成為了世界上最著名的女演員之一，她的知名度比在過去的二百年裡高坐在她的祖國瑞典王座上的所有威嚴的帝王還要高出許多。

幼年時代的嘉寶就已經充分展現了她那與眾不同的個性。她對枯燥乏味的學校生活根本不感興趣，因此她經常逃學，有時到了學校，她也會趁老師不防，一個人偷偷地溜了出來，跑到戲院後面的走廊上看戲，因為站在這裡不用花錢買票。當她看得興奮時，就會立即跑回家中，取出平時玩耍用的水彩，把自己滿臉塗得五顏六色，說自己是在模仿法國著名演員普薩瑞・哈特。

在嘉寶十四歲時，她父親就去世了，因此家境日益貧困，無力再供她上學，她也就只能輟學，而在一家理髮店工作。不久，她又轉到斯托克荷姆市的一家商店當推銷帽子的店員。

有一天發生了一件小事——就是這件小事改變了她一生的命運，並使她走上了此前她做夢都想不到的享譽盛名的道路。在賣帽子的過程中，她提議為帽子做一個廣告以促進帽子的銷售，於是店主採納了她的這一建議，決定拍攝一段帽子的廣告影片，並由嘉寶來做模特兒。

如果那一次，不是有一個目光銳利的電影導演偶然間看見了那段廣告片，嘉寶也許直到今天仍然在那裡賣帽子呢！這位導演是嘉寶那使人傾倒的演技的第一個目擊者。當時她年僅十六歲，那位導演建議她到一所戲劇學校去念書。

要嘉寶放棄已有的固定職業，放棄原來的薪水，再花錢進入戲劇學校學習，這的確是一次困難的抉擇。假如她沒有遠大的眼光和巨大的勇氣，她是絕對不能這樣做的。嘉寶確信自己對戲劇極其感興趣，自己將來一定會有成功的希望，於是聽從了這位導演的勸說，毅然辭去了工作，開始向理想目標邁進。

一天，瑞典的大導演斯蒂勒派人送了一封信到那個戲劇學校，要求學校選派一名年輕女子去扮演一個小角色。嘉寶得到了這一機會，她那時的名字並不叫嘉寶，而是古斯塔夫森。但是，古斯塔夫森這個名字缺乏詩意，沒有迷人的魔力，又不容易記憶，於是，導演的魔棍一揮，葛麗泰・古斯塔夫森就變成了葛麗泰・嘉寶。

嘉寶可以說是世界上最怕羞且神秘的女人之一。甚至那些和她一道工作的人，都認為她是一個高深莫測，不可捉摸的神秘人物。例如，華萊斯・畢蕾和她一起工作達兩年之久——但是他甚至從來也沒有見過她一次。這是因為他們出演的是影片的不同部分，而這些不同場面又是在不同的時候拍攝的。

有一次，美國最著名的評論家亞莎・白利斯伯專程趕往好萊塢，希望參觀嘉寶拍戲，但沒想到卻被這位瑞典小姐一口回絕。她說，「我很欽佩白利斯伯先生寫的文章。不過，有他在場，恐怕我的戲就很難拍好了。」

更有趣的是，在拍戲過程中，有時嘉寶甚至會請求導演離開，這無疑是在說：除了攝影師之外，誰也不許看見她。你說她是不是很神秘呢？

她的攝影師名叫威廉・丹尼爾，嘉寶在美國主演的第一部片子便是由他來拍的。那時候，嘉寶的英語說得還不是很好，常常會暴露一些有趣的「破綻」來，幾乎所有人都嘲笑她——只有威廉・丹尼爾一人例外。他是個聰明且細心的人，他察覺到這位特別美麗的年輕女郎非常敏感，正在為別人的嘲笑而感到局促不安。於是，當影片拍完時，他便會主動向她道賀，並且對她說他希望以後還能夠再度與她一道工作。對他的這種安慰與讚賞，她幾乎為之感激涕零。

從此，她就把他當做知己，因此在她以後主演的影片中，幾乎全都是由他擔任攝影的。當嘉寶返回歐洲以後，公司從未接到過她的信件，甚至連一張明信片也沒有收到，倒是她的攝影師丹尼爾收到過她的一封電報。

全世界羨慕嘉寶的影迷成千上萬，但是，由於她不善交際，所以朋友很少。雖然她的名氣很大，可是當她被介紹給陌生人時，經常會不自覺地戰慄起來。她喜愛孤獨，每年都是一個人安靜地在家裡獨自吃著聖誕晚餐。她家裡沒有收音機，笑聲也很少，而且很少聽到電鈴和電話聲。

在美國，知道嘉寶住處的人很少，甚至連那些和她住在隔壁的人都不知道自己的鄰居就是大名鼎鼎的嘉寶。有一次，她租了一棟房子，付了三個月的房租，由於一名攝影師發現了她的隱身之處，因此她只住了三天就搬走了。

嘉寶的生活非常簡單，與世界上其他任何重要的電影明星相比都要簡單很多。她駕駛著一輛一九二七年的老式舊汽車。這輛車的車身已經剝落不堪了，實在需要重新刷一遍漆，而且它的樣式已經如此陳舊，以至於看上去就會讓人忍俊不禁。她只有三個僕人：她的司機，黑人女侍從以及她的廚師。雖然她經常能存上一大筆錢，但她的生活費大約每星期只有一百元。

她最喜愛動物，散步的時候如果碰到了狗或者是馬時，她總要停下來看看，然後用手去撫摸牠們，拿些食物去餵牠們，並且還和牠們講話。她還在游泳池內養了許多金魚和青蛙。有一次，我的朋友去訪問她時，她正在玩一隻青蛙，於是，他們的這次談話就完全集中在青蛙身上了。

你一定聽人們講起過有關她的腳的笑話。事實上她的腳和她的身材比起來並不算大。她的身高達到了五尺六，腳上要穿七碼大的雙A牌的鞋子。有人曾經告訴我，這是一個有著她那種身高和體重的女人的正常尺寸。

她的牙齒非常好，就像光滑的象牙。她從未看過一次牙醫。「蘋果醬」是她學到的第一個英文單詞，這是因為她在工作室裡聽人講得最多，於是便把它記住了。

如果你現在要嘉寶用一個字來描繪好萊塢，她也許還是會說「蘋果醬」。

6 影壇巨星——凱薩琳·赫本

幾年前的一個晚上，一個滿頭紅髮、來自美國康乃狄克州的瘦小女孩，自信地走上她學校禮堂的講台，背誦《布侖亨之戰》一文。她的臉上雖然長有雀斑，但是看上去很乾淨。她的父母和五個兄妹坐在台下的觀眾之中，他們眼中都閃著期待的光。對於他們來說，這是一個重要的時刻。然而，就在他們滿懷期待的時候，發生了一件可悲的事情。當她開口講出第一句話之後，突然緊張得再也說不出話來，她的喉嚨哽塞，劇烈地喘息著，她講不下去了，淚水噙滿了她的眼眶，最後她一轉身跑下了台

凱薩琳·赫本當時只有十三歲。又過了十三年，她卻因為在電影中的優異表演而榮獲奧斯卡最佳女演員獎——一九三三年因為她在《牽牛花》中的出色表演，她得到了這一電影界的最高獎。第二年，她又因飾演《小婦人》而獲獎。

在她離開布萊思·莫爾女子學校之後，她的運氣越來越好。她很快就被選上主演百老匯的名劇《金池塘》，當時她在舞台只有兩個星期的經驗。對於凱薩琳來

說，這本是莫大的幸運，但是到了排演時，她卻就她的動作和舞台導演發生了爭辯。她按照自己的想法據理力爭，但導演的話有著最終的效力——於是，不久她就失業了。

第二次，她又有了扮演另一劇本《致命假日》的主角的機會，但她卻沒有和那部名劇一起走到百老匯。她在費城就被辭退了，她是坐在化妝室裡準備化妝演出時被辭退——原因是導演認為她不太稱職。

不久，機會再次降臨到了她身上，她被選上和萊斯利．霍華德合演《動物王國》。這次，她決定好好把握住這難得的機會。因此，她花費幾個月的時間認真閱讀劇本，體驗生活，揣摩她即將擔任的角色。可是到了排演的時候，以前的那一幕又出現了。她固執己見，不聽任何人的指導，她又一次被辭退。

這樣做，是不是有點太傻了呢？在批評她之前，讓我們來聽聽她自己的解釋吧，**凱薩琳．赫本說：「我認為，如果我能按照我自己的意思去表演，我一定能夠獲得成功。我知道，假如讓我盲目遵從別人的意見，那麼我所表演出來的人物必然缺乏自我的色彩，那我必定會失敗。」**——事實證明，她的話非常正確。

在她拍戲的前幾年，她的父親——康乃狄克州哈特福德的一名醫生，在自己家中蓋了一所健身房並訓練他的幾個子女一同練習摔跤並在空中鞦韆上表演。就這樣，凱薩琳練就了一身靈巧的功夫，她能抱起體重一百八十磅的男子，慢慢放到地板上，而她自己的身材卻極其瘦小，只有一百一十磅重。

她還擅長花樣滑冰和花樣潛水，她的高爾夫球技術很棒，在開始演藝生涯之前，她還打算以打高爾夫球為職業呢。她所受的這些練習對她在百老匯第一次主演《勇士之夫》這部影片中的一名跳躍的亞馬遜女子，起了很重要的作用。正是因為有這些基礎，在表演喜歡蹦蹦跳跳的亞馬遜河邊的女子時，她的表演非常出色。

她的表演非常逼真，以至好萊塢聽到這件事之後，特意讓她在銀幕上試演了一次，並致電詢問她的薪水要求是多少。好萊塢料想她的要求最多是每星期二百五十美元。因此，當她的經紀人給好萊塢回電說，凱薩琳女士的要求是每星期一千五百美元的報酬，他們還以為電報公司把數字打錯了，電影公司又打電話向凱薩琳詢問，是不是在打電報的時候不小心多加了一個0。凱薩琳的回電語氣很強硬，她說：「電報沒有錯，倒是我想錯了，每星期一千五百美元的報酬太少了。」

等到凱薩琳到了好萊塢之後，著名導演喬治．丘克負責對她進行指導，他建議她先去整理一下髮型，同時還要求她換換服裝，因為在他看來，她的衣服實在是太難看了。「難看？」凱薩琳小姐生氣地說，「你說什麼？哈，這種服裝還是巴黎最有名的成衣店專門為我製作的呢！」喬治．丘克反駁道：「哈，我想這是我一生中所見過的最難看的服裝了。講究穿著的女子，絕不會在浴室外穿它！」凱薩琳小姐氣得說不出話來，不過她隨即又笑了起來。

凱薩琳．赫本在布萊恩．莫爾女子學校上了四年學，她曾夢想著當一名心理學家。對自己的服飾她向來都是不以為然。她曾穿著不雅觀的綠長裙和帶大頭釘的鞋（那是人們去歐洲登山時才穿的鞋）在街上走，這使好萊塢人大為吃驚。

她的眼睛是綠藍色的，而頭髮則是紅色的。當她在好萊塢拍電影時，她每天早晨都要用藥水洗一次頭髮，以使頭髮的顏色淡一點。

有一次，她在學校跳舞，一個年輕男子撞了她一下，當他轉身道歉時，她卻怒目相向。後來，他們又在舞池相遇了，這位男子竟走過來邀請她跳舞，他們就這樣相識了。後來，他們經常開著汽車一同在月光下漫遊，談情說愛。

六個星期之後，他們就結了婚，但後來又離婚了。凱薩琳對此事簡單地解釋說：「對我們來說，這一切都很自然。」

她曾七次去歐洲，每次去坐的都是三等艙，甚至有一次，是當她已經在好萊塢每星期賺到一千五百美元的時候。她就是到了很有錢的時候，也不願把大把的錢花在頭等艙上。

她在自己的薪水待遇上毫不含糊。有一次，她按照合同的規定拍完了一部影片，但後來卻被告知要重拍一幕戲。於是，她被召了回來，據可靠人士透露，因為多加了一天的工作，她索要了一萬美元的額外報酬。她大約是電影史上唯一能那樣做的人。

7「灰姑娘」——海倫・傑普森

你喜歡灰姑娘的故事嗎？這裡就有一個真實的灰姑娘的故事，一個曾經被人稱為「胖姑娘」的小姑娘，長大後搖身一變成為最美麗的歌唱家。她是一個窮得上不起學的小女孩，而如今她變成了紐約大都會歌劇團最傑出的女演員

一九三〇年，這個女孩曾連接在各電台試歌，但始終沒有人願意接受她。但就在四年後，美國廣播界的編輯們評選她為當年最重要的廣播人才。

有一年，當我在哥倫比亞廣播公司當播音員時，坐在聽眾席前排的一位漂亮女士令我賞心悅——她有著一頭醉人的金髮，一雙溫柔的棕色眼睛，一副健美的體格，還有一種特殊的魅力。最後，我終於有機會認識了她——我發現她原來不是別人，而是著名的海倫・傑普森，也是樂團中吹笛樂師喬治・鮑威爾的太太。

我問喬治他們的結合是不是一見鍾情，他回答說「是的」。但海倫突然插嘴說「是的，一見鍾情是在我這方面，但對於他來說，卻不是那麼回事。我愛他並非一天兩天，在他對我加以細微的留意前，我就愛他很久了！我甚至在他的房子附近

來回地走，幻想著能在他散步的時候遇見他。後來有一天，我在一個門口無意中看到了他，但我非常緊張，竟慌亂地跑開了。我第一次遇見他，是他在薛達堂湖參加音樂團演奏的時候，當時我二十歲，他三十二歲。那時我毫不知名，而他卻處在事業的黃金階段。可是我非常愛他，愛得如痴如醉，為了可以看他一眼，我時常在樹後，等待著他從樹旁經過。」

我問海倫．傑普森，她最讓人驚奇的是什麼事，她說：「噢，多數人驚奇的是我已結婚並有一個小孩子了。」

我問她的小寶貝名字叫什麼。她回答說：「她差不多有三歲了。」

我說：「是的，可是你叫她什麼呢？」

她的回答仍然是：「她差不多有三歲了。」

「是的，我知道，可是你叫她什麼呢？」

她又回答說：「當我的生日來到時，我將會吃到冰淇淋和甜餅乾。」

她就是喜歡這樣答非所問，和你打岔。我問海倫．傑普森是不是迷信。她立刻回答說：「啊，不是的，我在大都會劇團的更衣室內吹口哨，你知道這對一個歌唱家來說是一件頂不好的事情。」

當她的孩子降生時，她讓醫院的看護將一串念珠放在小孩子的脖子上，念珠上刻著小孩的名字。後來，傑普森把那串念珠改造成一個小手鐲，當她參加演出時，如果她沒有戴上它或者沒有把它握在手中，她便唱不出來。

我問海倫女士這是不是迷信，她回答說：「啊，不是的。那是我的護身符！」

假如海倫．傑普森沒有在俄亥俄州阿克倫城的俱樂部唱過《把我帶回維吉尼亞》這支歌曲，或許她今天還是一樣賣女性內衣的售貨員，而不會成為音樂界鼎鼎大名的人物。

事情的經過是這樣的：她總是渴望自己能夠成為一名歌唱家。

她有一位姑母是從事舞台生活的，她常送給海倫一些自己不要的衣服。小海倫時常穿著這些衣服又唱又跳，並與鄰近的小孩子「演戲」玩耍。後來在中學時，她加入了歌唱團，畢業後，她就在阿克郎城某百貨商店賣女性內衣。這個職業非常枯燥，但卻可以掙到一些錢，這樣她就能偶爾到克利夫蘭城學習音樂。每星期日她在教堂的唱詩班參加唱歌，有時她也穿上殖民地土人所穿的衣服，在各種集會及交際場中唱歌。

一天，一位商人在扶輪社聽見她唱《把我帶回維吉尼亞》，當時，這位商人正需要一位女售貨員在她的商店裡售賣唱片，於是他就聘用了她，同時也使她的一生發生了改變。她在這家音樂商店裡，翻來覆去地唱那些唱片的歌曲，還模仿傑莉芝、寶麗及羅莎、彭西里等人的風格。終於有一天，機會來了。

在著名的柯地斯音樂會中，有一場歌唱比賽，優勝者可以獲得音樂學會的獎學金。她孤注一擲，決心去費城。

在那二百名參加競賽的女孩子中，也有人的歌喉像她一樣甜美、清純，並具有動人的魅力。可是，她卻具有一些她們所不具備的東西。她懂得推銷，她具有很強的表達自我的能力和把自己的歌聲傳達出去的能力。並且在後來的評審中，有一個小細節助了她一臂之力；有一位評審員注意到她的襪子上有一塊縫補整齊的補丁，這位評判員對這個有著補襪子的耐心的女孩子很是欣賞，於是，海倫・傑普森最終如願以償獲得了那個獎學金。

她和另一位女孩子在城郊合租了一間屋子，她們的房子在五層樓上！在嚴冬的日子裡，為了取暖，她們抱成一團。她們點了一支蠟燭放在地板上，把它想成一個火爐。她們每天只花五角錢用於吃飯，她們竟是在一個小汽油燈上做飯吃。有時，除了湯之外，她們沒有別的食物；可是她們還在唱歌，並想像著她們正身在巴黎。

這樣的生活困苦吧，但她們一點也不覺得苦。

我最佩服海倫・傑普森的是：成功、聲譽和金錢並沒有讓她沉醉於奢靡之中而毀掉自己。即時現在她的聲譽如日中天，但她仍像十五年前在俄亥俄州阿克倫誠為她父親掃地、炒菜時一樣隨和、樸實。

「第六部　藝術奇才」

- 米老鼠始祖——華德・迪士尼
- 喜劇泰斗——鮑伯・霍伯
- 影壇巨星——克拉克・蓋博
- 喜劇演員——哈洛德・羅伊
- 幽默影星——羅吉爾
- 音樂神童——莫札特
- 作曲家——喬治・傑斯文
- 歌唱家——卡羅素

1 米老鼠始祖——華德・迪士尼

《米老鼠》和《豬小弟》的作者華德・迪士尼，稱得上是美國最為著名的人物之一。然而，他在二十多歲時還只是一個名不見經傳的窮困潦倒的小子，可是到了三十多歲時，他已成為家喻戶曉的人物了。全世界的人都喜愛卡通片《米老鼠》，在阿拉斯加的某個地方，影迷們甚至還組織了「米老鼠會」，在雪屋中聚會

確實不錯，他曾經窮得身無分文，但他後來卻十分富有。他把自己多餘的錢全部投入到自己的事業上，因為攝製影片所得的利潤相對於儲蓄的利潤而言更多。

少年時代的華德・迪士尼，曾前往美國堪薩斯城謀生，當時他的理想是成為一名藝術家。他剛開始是到堪薩斯的明星報社應聘。該報社主編審讀過他的一些作品以後，認為作品缺乏新思維而沒有錄用迪士尼，這令他失望和頹喪不已。

後來，他替教堂作畫。可是，這份工作的薪水非常低，這點錢連他租用畫室的租金也支付不起。於是，他只好借用父親的汽車車庫作為他的臨時辦公處。當時，他還認為這樣的生活十分艱苦，但是他後來卻再也不這樣想了，他反而認為這

座充滿汽油味的車庫對他具有重要的影響，其價值至少可達一百萬美元。

有一天，當他和往常一樣在車庫工作時，忽然看見一隻小老鼠在地板上跳來跳去。他趕緊跑回家拿了一些麵包，回來後把麵包屑給牠吃。漸漸地，迪士尼和這隻小老鼠之間混得很熟悉，有時那隻小老鼠竟會大膽地爬上他正在作畫用的畫板，並有節奏地跳躍。

不久，迪士尼被介紹到好萊塢，幫助攝製一部以動物為主角的卡通片。但非常不幸的是，這次他失敗了，結果他不僅因此而窮得身無分文，並再度失業。

正當迪士尼走投無路的時候，他突然想到了堪薩斯家中車庫的那隻在畫板上跳來蹦去的小老鼠。他立刻畫出了一隻老鼠的輪廓。就這樣，在靈感刺激下誕生了米老鼠的卡通片。**誰又能想到，那隻在堪薩斯城汽車庫裡已經死去很久的老鼠，竟然會成為《米老鼠》這部在世界上最負盛名影片中「米老鼠」的祖宗呢？不但影迷給米老鼠寫的信要比任何演員都要多，就連米老鼠足跡所至的國家，也令其他任何演員都望塵莫及。**

在《米老鼠》影片中的米老鼠配音，總是由迪士尼自己負責，同時其他許多動物的配音也大多由他來擔任，因此華德．迪士尼需要花不少時間到動物園去研究各種動物的聲音。

迪士尼手下的助手有一百三十四位，他們能夠幫助他管理一切，不論處理什麼事情，例如，畫稿、製作字幕、配音樂等等，都不用他操心。迪士尼大多利用空餘時間研究新的計劃。每當他的研究有了心得之後，他就會和他的助手們一同公開地進行討論。

有一次，他曾向他的助手提出建議，希望能夠把他幼年時聽母親講給他的《三隻小豬》和《大壞狼》的故事搬上銀幕，但是他的助手們都不贊成。迪士尼本想就此取消這一計劃，但「三隻小豬」的形象總是縈繞在他的腦海裡，使他難以抑制地又提了好幾次，但仍然沒有得到助手的同意。

終於，他的助手們做出了一些讓步，說：「好吧，我們不妨試試吧！」他們之所以這樣回答，無非是不忍心拂逆迪士尼的誠意，而事實上他們對這項計劃沒有任何信心，認為即使做了，最終也只能是失敗。

本來一部《米老鼠》影片的製作完成總共需要三個月的時間，因此他們不願耗費那麼多時間去攝製《三隻小豬》。於是，他們只用了兩個月的工夫便草草地完成了這部影片。這些助手沒有一個人相信這部影片能賺到錢，但他們沒想到的是，《三隻小豬》問世之後，竟然令整個美國為之震動。接著，各地的人都在哼唱那首「誰怕那隻大壞狼，大壞狼，大壞狼……」的新歌了，這部原本無人看好的《三隻小豬》竟獲得了至高無上的榮譽。

據迪士尼本人告訴我，這部影片在某些戲院前後曾重映達七次之多，而這是自有動物卡通片以來所取得的最好業績。幾乎所有人都猜測迪士尼公司攝製這部影片至少可以獲利三十萬美元，但迪士尼親口對我說，公司只賺了十二萬五千美元。

總之，迪士尼所設計的卡通片，的確都具有不朽的價值。而且事實就擺在眼前，在幾十年前攝製的《米老鼠》，現在還有一些戲院在重映呢！

迪士尼終身為動物卡通片所做出的不懈努力是最值得我們敬佩的！據他自己說，這是由於「興趣」，而不是為了「賺錢」。我知道他沒有任何不良的嗜好，喜歡每天下午打打棒球或馬球。

2 喜劇泰斗——鮑伯．霍伯

為傳播歡樂滿人間，而繞行赤道三周的英國人

飛行八萬英里只為博君一笑的人，世上除了鮑伯．霍伯之外，恐怕再也找不出第二個人了。所謂八萬英里，其距離比繞赤道三周還要遠。但為了博取出征中的美國大兵一笑，他卻飛行了這麼遙遠的距離。

在阿爾及利亞，他曾遭到敵人炸彈的攻擊；並在義大利，轟炸中的機場和彈藥庫中倖存。乘著搖晃的卡車、坦克、吉普車，去慰勞前線將士；使得患了思鄉病的將士們，都沉醉在他諧趣的笑話中。

在英國有六百名士兵為了觀賞鮑伯．霍伯的首映表演，而在荒野上走了十英里。最後因為路途實在太遙遠了，不得不中途折返。當他聽到這個消息後，未待觀眾的掌聲停止，他就和團員乘吉普車由後面趕上他們。特地為這六百名士兵，在荒野中表演一段節目。

在英國的演藝人員當中，鮑伯．霍伯的唱片並非很暢銷。但，他是第一位把

幽默當成戰爭潤滑劑，並將幽默送到前線的人。除了國內各地的演唱之外——還遠至阿拉斯加去做巡迴演唱。

當時，阿拉斯加的司令官是賽門．巴克納中將。有一天，在巴克納中將的住處，接到一張有趣的電報。內容是「穿著晚禮服前往歌唱、舞蹈與講笑話，可以嗎？」發信人姓名是鮑伯．霍伯。

在接到「可以」的回電後，鮑伯．霍伯一行人就在阿拉斯加各個前哨部隊做巡迴表演。而其受歡迎的情景，不遜在紐約的大型劇場演出。此外，他也到阿留申群島表演。在簡陋的鐵板屋內，為難得放假的將士們，掀起了一陣歡笑的旋風。

鮑伯．霍伯一直被認為是美國的喜劇演員，實際上，他出生於英國，小時候，跟隨雙親移民到美國的克里夫蘭。七歲時，立志從事舞台表演。

一次，他站在教堂講台上吟誦詩歌，由於他的發音錯誤、文句亂，而使得在場者莫不捧腹大笑，若是一般的小孩，必定會紅著臉羞愧地逃出來；而鮑伯則微笑地翻個筋斗來答禮。因為在那一瞬間他發現到——再也沒有比逗別人笑更快樂的了。

十二年後，他仍然無法忘記當年的志願，一面工作，一面仍念念不忘舞台的誘惑。有一次，在汽車廠倉庫值班時，看到經理的辦公室中有部錄音機。他迫不及待地找來同伴，組成四重唱，每晚對著錄音機大唱。一天早晨，他的經理把錄音機打開時，突然響起「今夜的街道是無止境地喧鬧」的歌聲。正如同歌詞一樣，果然引起很大的騷動，因為他被開除了。

左思右想之後，終於決定去當演員，夥同朋友二人一組，搭檔歌舞演出，其後的二、三年內，一直過著貧苦的生活，每天以豆子和甜甜圈維生。至今他一想到豆子和甜甜圈，就倒盡胃口。

不久，生命出現轉機了，事實上，是歪打正著。當時，他所演出的小劇場經理，希望他能在舞台上講述下週的節目內容，鮑伯走到觀眾面前，諧趣地說：「實際上，我是受經理之託，要來宣布下週有一個非常好的節目，題目是非常地……」

他說了半天，始終沒有說出節目內容。但在這十分鐘之內，觀眾被鮑伯的詼諧言語，逗得捧腹大笑。下了舞台後，經理對他說：「鮑伯，你的歌舞表演可以告一段落了。以後就改成你的個人秀！」

因此，鮑伯改變了演出內容，開拓個人秀的表演新境界。從此以後，他的演藝生涯一路步上坦途。

目前，他的年收入為四十萬美元。而且根據好萊塢的傳言，他對財產的管理似乎很有一套。大約二、三年前，他受全美最大的銀行老板之託，擔任好萊塢的投資顧問。「董事長，我力薦鮑伯．霍伯為投資顧問，只要有他，業務必定會直線上升。」

「哦！是嗎？」那位大老板回答。「這三年間，我一直非常注意鮑伯．霍伯的動向。你倒不如委託他管理財產！」鮑伯．霍伯正是他所說的人才。

一九三〇年，他被推薦到廣播公司。「很難得的機會，卻錯失了。」他笑著說。「我認為很可惜，就像是連一壘都還沒有到達，就被三振出局了。」

五年後，廣播成了熱門傳播媒體，良好的機會又來了，這次，他一定要在廣播界大顯身手一番。為了爭取這項難得的機會，他徹夜未眠地猛背劇本。到了廣播電台，才知道是一個沒有任何觀眾的場地表演獨白。觀眾席是空的——「再也沒有比這更無聊的場地了。」鮑伯．霍伯說。

突然間，他發現隔壁正在播放查理．馬卡希與艾多卡．巴根的腹語術節目，全場爆滿。因此，他再三託人，在巴根的播音室與自己的播音室間疏通一條通道。不久，觀眾們陸陸續續走進來，他大叫說。「各位觀眾，請往這裡走、往這裡走！入口在這裡呢！」他把所有的人都騙進自己的播音室，這是他生平第一次的廣播，觀眾是用「騙」來的。

在現實生活中，鮑伯．霍伯是個精力充沛，絲毫靜不下來的人。而他的電話號碼特別多，大約有七、八碼左右。電話線也特別長，因為這樣他才能一面在屋裡走來走去，一面講電話。他安靜不下來，除了漫畫書以外，他很少專心看書。

他時常臨時應變地表演詼諧的言談，事實上，他曾竭盡心力苦思這些題材、笑料。在他的臥室隔壁，有一間大門深鎖的房門，他從不把房間鑰匙交給任何人，另外，他還用了六名詼諧作家，這些人每天都要絞盡腦汁為他構思新的警語或笑料，如同琢磨鑽石般地，仔細斟酌字句，以供他取用。

鮑伯．霍伯的笑話，據說已使一億三千萬人捧腹大笑。但卻有一個人從來不笑，那就是鮑伯．霍伯的妻子多羅蕾斯。她說：「與我在看電影或聽收音機時，還會覺得好笑。但他在家裡表演時，我卻笑不出來。」他自己說：「我不知道是怎麼回事，只要在家裡，我就無法完全投入表演。」

名演員常常有很多毛病，而鮑伯的毛病就是迷信。派拉蒙電影公司曾向他提議，營建一個新的後臺以供使用，但是，由於這個後臺是他拍第一部電影所用的後臺，所以他堅持不准別人將它拆毀。然而，這後臺狹小的如同一間壁櫥似的。最後，只好在這個像狗屋般的後臺旁，再增蓋幾間房間，才把這個問題解決。

鮑伯．霍伯一直期望有一天能獲得奧斯卡金像獎。雖然，他未能如願以償地獲得奧斯卡獎，但他仍把駐守前線的美國士兵放在最重要的地位，因為他們保障國土的安全。**他曾說：「我所確認的人生，只有一個字，那就是——美。」僅是這句話，就足以顯示鮑伯．霍伯的人生觀了。**

他的本名是雷斯理．達恩士．霍伯。首度在舞台上擔任主角是在一九三二年。從事廣播是自一九三五年起，電影則是自一九三八年起。

3 影壇巨星——克拉克・蓋博

他過去是一個靦腆、害羞的男人，如今卻是閃耀的明星

美國人才濟濟，但像克拉克・蓋博（Clark Gable）這樣有名的人，大概沒有吧！他是電影界第一流的名演員，在中國、印度、非洲、歐洲、南美——全世界到處都有無數的影迷。即使不知道美國的歷史、不知道美國將軍或司令官的人，只要一聽到克拉克・蓋博的名字，無人不怦然心動，那是因為他的影迷遍佈全世界。

幾年前，蓋博到南非時，女影迷緊緊地圍著他，熱烈地抓著他的後頸，帽子被搶走、外套也破了，襯衫更是四分五裂，他的衣物都被搶去作紀念品了。

第二次世界大戰時，他志願從軍，不再演電影，盡可能地隱藏自己，但是，駐紮在英國時，被大群影迷包圍、追逐，最後卻逃進教室中，連在田間幫忙的女孩子，也放下工作，特地跑到美軍基地附近守候，只為了看他一眼。

一九四二年，他四十二歲時放棄好萊塢優厚的酬勞，毅然從軍了。當時週薪是七千五百美元，是美國總統一年份的薪水，但他卻選擇了月薪只有五十美元的軍

事生涯。

二、三年前，我有幸與克拉克・蓋博認識。他是一位很友善、謙虛、而且不矯飾的人，我立刻對他產生好感。在幾十部電影中，他曾飾演各式各樣不同的角色，像他本身那麼富有戲劇性經歷的角色，恐怕在銀幕上還沒演過吧！

十五歲時，某天夜晚，他衝進一家小吃店用餐，這是他一生重大轉變的契機，為什麼呢？因為他在小吃店中，碰見了前來愛可倫市巡迴公演的戲劇演員，而感到無比興奮。他初來愛可倫市的二、三個月內，是在一家橡膠公司擔任時間記錄員，在此之前，一直在田裡工作，擠牛奶、餵豬食、將乾草堆到馬車上，或者在玉蜀黎田裡耕作，然而他很厭惡這樣繁重的工作，卻不得不汗流浹背、賣力地工作。

那夜是他生平第一次親眼見到所謂的演員，「這就是所謂的演員嗎？」他如此想著，卻莫名地興奮起來了──「我也要出現在舞台上！」想歸想，但要當個演員，並非一蹴可及，必須從劇團的打雜工做起。「喂！輪到你出場了！」這樣傳喚演員出場的職位。然後，也做了演員的打雜工、洗送髒衣物、縫補釦子等等。

在劇團做了兩年的打雜工，當時的薪水到底有多少呢？答案是「零」。工作了兩年得到的只是經驗。那麼他如何維持生活呢？晚上睡在舞台內側，以外套代替毛毯。吃什麼呢？因為和演員們處得很融洽，每天中餐、晚餐都是別人請的。

在那段時間養成了不吃早餐的習慣。過了好多年，即使成了收入幾百萬的世界巨星，他仍然維持不吃早餐的習慣。

即使不吃早餐，他也毫不在乎，那是因為他才十五歲，就可以做自己想做的事。這是一個彩夢的世界，有燈光、香粉、掌聲和喝采，是羅曼蒂克的世界。當時俄亥俄州應該有不少百萬富翁吧！但恐怕沒人比做戲團打雜工的克拉克．蓋博更幸福吧！

我問他：「日薪一千美元，是否比沒有薪水的戲團打雜後更快樂呢？」他回答：「那是名、利都不能買到的幸福呢！」

在愛可倫市的劇團工作了兩個月後，突然，悲劇降臨了，繼母去世，家庭破碎，而克拉克．蓋博對將來的計劃因之破滅了。

父親說：「我不再做田裡的工作了。要去奧克拉馬州的油田工作。你也和我去吧！」對父親而言，他的兒子真是太傻了，到油田工作一週可賺十二美元，然而，卻有傻瓜兒子連續做了兩年沒有薪水的劇團打雜工呢！「和我一起走吧！」這是命令，完全沒有商量的餘地，也不准頂撞。自此克拉克．蓋博在煉油工廠工作了兩年。每天滿身都是油污，既要揮動重達十八磅的鐵鎚，還要在高六十英尺的鑽井台上為滑車注入潤滑油。

十九歲的時候，他終於向父親表明了態度：「我這次一定要重返那如夢似幻的演藝世界。」

因此，他加入了「原耶兒．普列兒茲」的鄉村巡迴公演的劇團。那是三流的劇團，在坎薩斯州、尼布拉斯加州，中西部一帶的鄉鎮空地上搭起帳篷就開始表演了。入場券分為五分、一角、一角五分三種票價，演出戲碼為《湯姆叔叔的小屋》，還有當時最受歡迎的《查理的嬸嬸》等等。

問起那個劇團給多少薪資，克拉克．蓋博笑著回答——誰都拿不到薪水呢！劇團必須支付各種費用，如果有剩餘的錢，才能平安分給大家，曾經有一、兩次，一星期的收入在平分前，只有二元七角五分呢！

一九二二年三月二十一日，他在漫天風雪的蒙大拿州比特市進退兩難了，身上只有七分錢、前途茫茫、毫無希望可言，有的只是一身的債務，還有絕望。

第二天清晨，克拉克．蓋博步履蹣跚地往車站的方向走去。此刻的他正是飢寒交迫，長褲上盡是補釘、鞋底也裂開了、口袋裡只有七分錢。他走進郵局，拍了一封電報給父親：「速寄旅費，以便返家。」

寫完之後，他非常迷惘、茫然地遠眺遠方的大風雪、一邊想著——怎麼辦呢？到底要不要發這個電報呢？

「放棄喜愛的戲劇生涯，去從事厭惡的工作嗎？」他矛盾地自我反問。最後，他發揮荷蘭血統特有的不屈精神，決心繼續目前的工作。（父母都是所謂的賓西法尼亞州的荷蘭人血統。）乃將寫完的電報扔掉，隨後走出郵局。他搭上運貨火車，離開了比特市。那真是所謂的無家可歸的情景。

火車正要穿越河谷時，他被司機發現藏在火車中，司機毫不留情地趕他下車，那是一九二二年的事了。

當時他無計可施，只好做了三個月的木材運工，湊足了到奧勒岡州波特蘭市的旅費。到了波特蘭市後，又加入了鄉村巡迴的劇團，之後，劇團又陷入困境，他只好又做了臨時工：替測量師做測量工作、在玉米田駕馭驢子、在修築道路的工程中做除草的工作，也在製材場工作。

不久，又回到波特蘭市，但都找不到工作。他一聽說哪裡有好工作，就前去應徵時，總是被捷足先登了。因此，花很多時間精力，才到報社擔任撰寫三行廣告欄的工作，這是受理分類廣告的工作。後來，他終於找到一份理想的工作，就是替電話公司做架線工作，週薪十六美元。

這個工作是他一生的大轉機。有一天，被派到波特蘭市的劇場「利特魯戲院」修理故障的電話，因而認識了舞台的女導演約瑟芬．狄倫。

他懇切地向約瑟芬請教演技，她被他的魅力吸引住，不久，他倆便雙雙墜入情網，他向約瑟芬求婚，隨即在一九二四年十二月順利結婚了。他們共同辛苦奮鬥了數年，克拉克．蓋博終於得到演出警匪片《自由的靈魂》的機會。藉著這部影片，他雄心萬丈地朝著大明星的寶座邁進。

那段期間內，他在百老匯擔任的是小角色，伺機向好萊塢進軍。他也時常向電影導演請教有無臨時配角的工作機會，持續了數個月，終於有機會在電影中露臉。而且，還是個有台詞的角色呢！他欣喜若狂，決定以此作為進軍好萊塢的踏板。但是偏偏事與願違，經過了六年那部有台詞的角色才正式上演，而且，並沒有如預期般地造成轟動。

前後八年間，他曾經以臨時演員的身分出現在電影中。直到他主演《風流寡婦》時，日薪才只有七元五角而已。**經過數年，他成為大明星後，他將當時以日薪七元五角主演的《風流寡婦》的通告裱入框內，掛在牆上，並且寫了幾個字——**

「勿忘，蓋博，勿忘當年！」

但是，克拉克．蓋博那樣做絕不是矯枉過正，只因為他有超於常人的堅苦毅力罷了，連在邁阿密市美國空軍訓練所受訓時，也被投票選為全校最受歡迎人物。那是因為他率直、善解人意，而不自視甚高的緣故。

他擔任B29的射擊手，嚴格接受數個月的訓練，這是好幾萬年輕人都畏懼的嚴厲訓練，但克拉克．蓋博已四十二歲了，卻沒有逃走。

克拉克．蓋博在演藝圈內飾演情聖居首席之位，然而他說，年輕時和女孩子交往，常常受挫敗。且經常暗中愛慕別人，對方卻不曾注意到他。他非常羨慕那些在女孩子面前落落大方的同伴們。

當年，他十分害怕與女孩子交往，後來卻成為最勇敢的人，因為他具備了勇氣和毅力，才能榮獲在「歐洲本土佔領區域內，連續數次砲擊戰爭行動中功勳卓越者」的空軍榮譽獎章。獎牌上記載著：「在這些砲擊戰中，蓋博上尉所發揮的勇氣、沈著、以及堅忍毅力，是值得讚賞的。」

他生於一九〇一年，主演《一夜風流》（一九三四年）得到藝術學院獎，一躍成為大明星，並主演轟動全球的不朽名片《亂世佳人》（一九三九年）。他一直活躍於銀幕上，直到一九六〇年逝世於好萊塢為止。

4 喜劇演員——哈洛德・羅伊

託占星術師、眼鏡之福，成為世界富有的演員

初次看見哈洛德・羅伊（Harold Lloyd）的時候，我確實嚇了一跳，他和銀幕中的他頗不相同。據說在人群中沒有人能很快地找出羅伊本人。例如，有時候羅伊和戴眼鏡的友人一同參加宴會。（羅伊除了在電影中出現戴眼鏡外，其餘時間不戴。）那位朋友和羅伊長得並不像，但是任何人都會認為戴眼鏡的男人是羅伊，那位朋友反反覆覆說了好幾遍「我不是哈洛德・羅伊，他才是！」但是大家都認為他是開玩笑的。

哈洛德・羅伊是位穩重而好學的人。事實不然，他精力非常充沛，而且在任何時間內皆不斷地大聲談笑。但是他不會因受人喜愛而任意妄為，是一個很注重形象的公眾人物。

羅伊自認不迷信，他認為迷信是屬於無知的黑暗時代。事實上他也有二、三個迷信。例如，他絕對不通過洛杉磯內的隧道。他認為通過隧道一定會有壞事發生。走出大廈時，必定從原先踏入的那個門出來。經常攜帶避邪的「幸運符」。

他十分熱中畫風景畫。喜歡以魔術、戲法或撲克牌的詭計使人陷入迷霧中。而且喜好飼養配種的小狗。有段時期飼養了七十多頭大獵犬，把家中搞得天翻地覆。

十二歲時發生一件改變他一生的事。在布內拉斯加州的奧馬哈市時，有一天他從學校漫步回家的途中，有一位占星術師站在街角，並掛著數張彩色的星座圖，那人說占星可看出你的未來運勢。哈洛德瞪大眼睛催眠似地聽著，突然間有一輛消防車急駛而過，其餘的孩子均追著車跑，只有哈洛德一人站著聽那占星術師說話，圍觀的人群中有一男子說這小孩有點奇怪。

他就是約翰．柯拿——歐曼哈市的巴烏德劇團的主持人。柯拿和哈洛德打招呼並交談，談及劇團中有人想租房子，哈洛德表示很幸運地家裡有空房，願意出租。事實上他從數年前即有意成為演員，**他說和演員住在一起，就如同和世界拳擊冠軍約翰．沙利威和足球王巴福路．比利同住般高興**。

從那以後，巴烏德劇團缺臨時演員時，就由柯拿遊說哈洛德代替。

哈洛德從沒忘記柯拿的恩情，到今日有關影迷的信函也都委託他來處理。

哈洛德的母親是位裁縫師和推銷員。父親因車禍而脊柱骨折。因而從保險公司領到三千五百美元。那是一大筆財產。因此一家想離開中西部，到別的地方發展，但是要往哪裡呢？有人提議向西部到加利福尼亞州去，有人提議向東到紐約去，意見非常不一致，因此父親說：「投錢幣來決定吧！出現正面就到加州福尼亞去，反面就去紐約。」

結果，全家遷居加利福尼亞州。哈洛德出入劇場打雜，不久得了電影配角的演出資格。這是第一次演出，僅扮個印地安人，捧著裝有食物的盤子在面前一晃而已。哈洛德認為這個角色不重要，而不重視。漸漸地他不接這種角色，導致無法謀生而睡帳棚。若不再想辦法賺點錢，除餓死之外別無他法，因此他下定決心，無論如何要多接些配角的角色。

自此，每天從不間斷到攝影棚裡分配角色的事務所去詢問。可是必須先避開守衛的視線，然後混進入群中是件不容易的事，後來他才注意到，正午時分攝影棚的演員將陸續去餐廳吃飯。吃完飯後在臉上塗抹脂粉再回去，此刻守衛不會仔細檢查每一個人。因此從那天起，哈洛德·羅伊一到正午，就躲在看板的後面，臉上也抹了粉，然後混入人群中吃飽飯，再返回攝影棚的隊伍中。

他每天和演員接近，並混進攝影棚內，可是一直沒有工作機會。但是每個人都非常喜歡他，其中這些人中也包括是從音樂室的窗戶悄悄地溜進去的。

攝影棚內有一位叫哈魯·路七的演員，經常在電影中擔任配角的演出，某日，這位路七和羅伊聊天，談到他伯母去世，因而意外地獲得一些遺產，他想利用這筆錢投資電影製作，拍些喜劇片，他於是問羅伊。「你認為呢？你幫我忙如何呢？」

因為羅伊開始演出第一部喜劇片，穿上不合身褲子的模樣很像查理．卓別林。

某日，突然想出一個好主意，雖然是靈感一現，但是對羅伊而言是筆很大的資產呢！他因為工作疲勞而恍恍惚惚走入劇場時，有一位頭戴硬殼平頂草帽，又架副眼鏡裝扮的男子正在飾演牧師。他本人一直是扮演滑稽角色，然而卻覺得這個牧師的裝扮非常滑稽；於是，羅伊下定決心要塑造那個滑稽的形象，以眼鏡做為自己的商標，之後卻使羅伊的名字遍佈世界各地。

然而羅伊到了二十歲都還全然不知自己的演技是滑稽的，因此他認為自己的長相一定是滑稽的吧！到那時為止，還經常邊朗讀邊唱莎士比亞的台詞。他剛出道時，**導演曾如此說：「你不是很好的喜劇演員，只會站在那兒像個木頭人，放棄電影，另外找其他的工作謀生吧！這一行業不適合你！」**

但是羅伊非但沒有放棄，反而更加努力——如今是世界上最有錢的名演員。事實上，到目前為止沒有一位演員像羅伊一樣富有。

羅伊成為大明星擁有大資產後，自己出資資助癌症的治療法研究，也熱心參與社會活動。他生於布內拉斯加州，十三歲進入電影界，之後獨立經營電影製作而相當成功。在世界上，羅伊演出的喜劇片受歡迎的程度僅次於卓別林。

5 幽默影星——羅吉爾

美國每年賺錢最多的人你知道是誰嗎？要事先聲明的是，我並不是指工商界的人士，而是指那些不必從事交易或買賣而獲得高額收入的人——他不必雇用職員，也不需要什麼助手，他只需依靠自己的特殊才能就可以賺到大把大把的鈔票

你可能會說，這個人是查理・卓別林？但他自己還創建了一家電影公司，因此我會非常乾脆地回答：「不是他！」

那麼是葛麗泰・嘉寶了？不是！

莫非是阿莫斯・安迪？不是！

恐怕是曾迪・萬里吧！也不是！

你都猜錯了，那個人不像你想的那麼好。他沒有受過教育，英語也說得不大好，他穿的是舊式的衣服，和人約會經常遲到，他喜歡嚼口香糖——他是一個不修邊幅的人，他的名字叫羅伊・羅吉爾。

他每年只拍攝三部影片，卻能獲得三十七萬五千美元的巨額報酬。他每天為

一家報紙寫一段短文，就可以得到四百美元的稿費。要是他在公共場所講一則幽默故事，他就可以獲得三千美元的演講費。他在電台播音的待遇更高了，每分鐘就能夠得到三百三十三美元。

他是在美國大選的日子出生的，因飛機失事而罹難，去世時只有五十多歲。

你以為他是美國人嗎？那你又錯了。他並非生在美國直轄的十三個州境內，他是在印度出生的，他誕生時的小屋子至今依然存在。羅伊．羅吉爾的父母都帶有一些印度血統——母親帶有的約四分之一，父親帶有的約八分之一。

談起羅吉爾第一次到紐約的情形，實在是滑稽至極。當時他開著一輛舊貨車，車上全是體型龐大的牛。他從奧克拉荷馬出發，一路上非常疲倦。他就和這些牛睡在一起。當他到百老匯遊玩時，穿著牧牛鞋和土里土氣的破衣裳，所有人都取笑他。有一個頑皮的孩子甚至將他的破帽子抓起來開他的玩笑。可是，當他在幾年後重到百老匯時，卻非常氣派，他是乘飛機來的。當他走在街上時，人們個個向他行注目，並請求他與他們合影，還說他是「天之驕子」。

他在年輕時決意外出旅行，為的是增廣見聞。南美是他的第一個目的地，為了節省旅費，他一路上都坐下等艙。抵達以後，找到了一個牧牛的工作，每個月的薪金只四元。波埃爾戰事爆發後，羅吉爾乘船到了南非，在英國騎兵隊裡餵馬。

戰爭結束後，他的生存成了問題。於是他只好和士兵住在一起，吃別人的殘羹剩飯。後來，他加入了一個馬戲班，他負責的角色是在車子上雜耍。這樣，他才跟隨馬戲班回到了美國。而他在馬戲班雜耍時的那種幽默和怪腔調，竟被一個著名的星探看中，他從此進入美國電影界，逐漸成為一顆嶄露頭角的世界明星。

他的妻子叫碧蒂·白蘭克，是一位美麗而善良的夫人，她生於阿柯塞斯。他們第一次相遇時，她正在喝檸檬汁，而他正好騎著一輛新買的腳踏車經過。他一眼瞥見了她，好像他們的姻緣是前生注定了似的，他對她戀戀不捨。

為了博得這位陌生姑娘的歡心，他故意在騎到她身旁時表演非同尋常的絕技，想藉此賣弄一下自己。可是不幸得很，他竟一不留心，摔下車來受了傷。心地善良的白蘭克小姐立刻跑過去，把他扶起來，替他擦洗傷口。這就是他倆初次遇見的經過。她後來便成為羅吉爾夫人，並給他生了三個孩子。

羅吉爾的一生富有傳奇色彩。他曾有機會拜見過多位皇帝、皇后，以及其他尊貴人士，可是令人難以置信的是，他一輩子沒有做過一件禮服，連平時所穿的衣服也非常隨便，只有在拍戲時，導演為了需要強迫他時，他才勉強給自己打扮並修飾一番。他雖然每年賺很多的錢，但他的口袋裡永遠最多只帶五美元，而且他一輩子都沒有買過汽車。

6 音樂神童——莫札特

因為貧窮，莫札特才譜出了讓世人感動的音樂。在貧困者心中，有一顆神秘而美麗的仁慈之心，彈奏著世間美妙的音樂

俄國已故的李奧．波爾是世界上最著名的教授之一，他的學生桃李滿天下，遍及世界各國，由他提拔和訓練出來的人才不勝枚舉。

有一次，他對我說了一句讓我永難忘懷的話：「**如果你想成為一個卓越的音樂家，那麼，你生來就應該是貧窮的。**」

他擔心我沒有聽明白他說的話，又補充說道：「**在貧困者的內心當中，有一種說不出來的極其神秘，極其美麗，可以使人們增強力量、思考、同情和仁愛之心的因素。**」

李奧．波爾說得非常正確。大音樂家莫札特就是這麼一個貧窮的人，他窮得甚至沒有錢買木炭來給他居住的破屋取暖。在寒冷的冬天，他只好把雙手插進穿在腳上的毛襪子裡取暖片刻，然後再接著進行作曲創作。只有這樣的人，才具備天生的音樂天才，才能創造出許多偉大的歌曲，才能名垂萬世。

飢寒交迫、缺乏營養滋補品，這些都大大縮短了莫札特的壽命，使他在三十五歲時就因肺癆而死。

莫札特的葬禮是最簡單、最儉樸不過的，一共只花了三塊一毛美元。開始的時候，還有六個人抬著他那簡陋的棺材送殯，可是走到中途時，突降的一場大雨竟把這六個淋了回去，留下莫札特的靈柩孤零零地，躺在墓地之上……

你認為莫札特的遭遇是不是太可憐了？不，許多偉大的音樂天才，他們的身世與莫札特相差無幾。據桑弗德告訴我，他的密友維克多．赫伯特第一次來美國時，身上只有一件襯衣，因此他不論冬夏，每天都只能穿著它，當他的妻子為他洗燙那件襯衣時，他只好躺在床上等著。他不也是一代大音樂家嗎？

在第一次世界大戰時，歐洲曾流行一首《It's a Long Way to Tipperary》的歌曲，這是一首有史以來最普遍、最受歡迎的戰歌。可是，這首歌的作曲者賈克．賈奇卻非常貧困，他必須白天賣魚，晚上還得在台上演戲才能維持生活！

還有一首著名歌曲《Sliveer Tireads Among the Gold》，同時廣受人們的歡迎，但是它的作者哈特．鄧克斯卻窮困潦倒，他曾將此歌獻給他的妻子，並以十五美元的代價將它賣給出版商。後來，他和妻子因意見不合而分開了。他一個人孤獨地死在費城一間破陋的小屋中。他死時的景象非常淒慘，而**他的遺囑只有一句話：**

「年老孤獨的滋味最苦。」

《Humoresque》也是一首著名的歌曲，可是它的作曲者卻是一個屠夫的兒子。更奇怪的是，這首曲子竟是他趴在糖房和豬欄裡寫成的。他是德國人，名叫安東尼·德瑞克。德瑞克剛到美國時只有十五歲，因為他厭倦紐約的繁華，他看中了城外一個荒僻的小村莊，這個小村莊與外界「文明」相隔絕，沒有車馬的喧鬧，於是他遷到那裡定居了下來。

一百多年前德瑞克出生於歐波希米亞的一個小村莊。他並未接受過什麼高深的教育，曾有很長一段時期，他不得不跟隨父親在屠宰場工作，不過他心地善良，心中蘊藏著美妙歌曲的種子。

在幾經掙扎之後，他終於脫離了屠宰場的生活，到了捷克的東城學習音樂，開始實現他的理想和志願。然而，當時他的身上只有可憐的幾便士，連最貧賤地區的最破陋的小屋也租不起。幸運的是，他還比較有人緣，他找到了另外五個窮學生，與他們同住在一起。在這種飢寒困苦中，他譜出了許多世間難得的美妙歌曲。

所以，像莫札特、德瑞克這一類的人，正是因為窮困，才能將他們的天才充分發揮出來。

7 作曲家——喬治・傑斯文

剛開始時，他被人們的嘲笑轟下台；最後，人們的掌聲讓他難以下台。這是因為他知道自己想要什麼，而且努力去追求

我曾見過美國權威作曲家喬治・傑斯文，並向他請教成功的秘訣。他告訴我，那非常簡單，只要知道自己的需要，然後照這個「需要」努力下去，直至達到目的。最令我感到驚異的是，傑斯文在成名後仍在一如既往地努力著，並且每星期要上三小時的課。這種好學的精神，非常值得我們去學習。

他的處女作僅賣了五美元，然而在九年之後，他替好萊塢一家電影公司的一部片子製作一首新曲，竟可以得到五萬元的巨額酬金。

當傑斯文第一次到戲院表演時，所有觀眾都譏笑他。後來，他接受了紐約第十四街福斯城戲院的聘請，擔任該戲院的樂師，每星期只有廿五美元的報酬。在他第一次上台參加演奏時，他面紅耳赤，非常羞赧，腦子也有些不聽使喚，結果也就可想而知——他演奏得糟不可言，連台上的演員也在嘲笑他，台下的聽眾更是大笑不止。他懊惱羞愧至極，不顧一切地衝出戲院。當他對我說起這件往事時，還一再說這是他平生最大的恥辱。

傑斯文最初的志願是成為一名畫家，可是卻出乎意料地成為一個偉大的音樂家，這要歸功於他的母親。

據說，有一天傑斯文的舅媽帶著一架新鋼琴來拜訪他們，這使他母親非常不高興，認為這是一種有意的侮辱。於是，他的母親不顧自己的經濟力量有限，也忍痛為傑斯文買了一架舊鋼琴。因為有這麼一件突如其來的事，傑斯文有了接觸音樂並使他的天才得以發展的機會，並為人世間創造出許多美妙的歌曲，使美國音樂突飛猛進。傑斯文的成功首先應該感謝他的母親以及那架舊鋼琴。

傑斯文因《天鵝》一曲成名。但是說起這首成名曲的經過，卻又十分離奇，幾乎連傑斯文自己也有些莫名其妙！

在一九七八年，傑斯文首次在百老匯的舞台演奏他的新作《天鵝》時，並未引起聽眾們足夠的關注。但當時著名歌唱家阿爾．約翰遜也在座，當他聽完該曲後，認為傑斯文很有音樂天賦，是一個可以造就的天才。

九個月後，阿爾．約翰遜出席了一次規模盛大的集會，集會上有人請求他唱一支新歌，以推動會場的氣氛，阿爾起初婉言推辭，但後來覺得不應該辜負眾人的誠意，就引吭高歌了一曲傑斯文的《天鵝》，結果大受歡迎，眾人反響非常強烈，一致認為這支曲子優美絕妙。

阿爾．約翰遜在這短短的五分鐘內，把一支被人們早已經淡忘的歌曲唱紅了，傑斯文也因此而一舉成名。

但是我們明白，傑斯文的成名並非出於偶然。他確實是劇場中最需要的人物，雖然他從未涉足劇場。他作了許多迷人的美妙歌曲，使情侶們隨著樂聲舞得如醉如狂，可是，誰會相信他自己竟從不跳舞。

他不嗜煙酒，每晚總要工作到深夜，但第二天不過了中午是不起床的。他有收藏名畫的怪僻，尤其是法國的作品。他患有神經衰弱症，所以在家中自備一個健身房，並且每星期到神經專家診療室去兩次，接受精神治療。

在一九二四年的林肯誕辰紀念日——這個日子現在也成為音樂界一個很重要的紀念日了，傑斯文在這一天向世人播出了他生平最成功的一支曲子——《憂鬱者之歌》。

你想必會認為這支《憂鬱者之歌》是傑斯文經過積年累月的工夫才創造出來的吧？不！其實他的傑作大都是在偶然之中完成的。

當保羅．特曼約請傑斯文為他寫一首爵士樂曲，以便在他的音樂會中演奏時，傑斯文隨口答應了，可是他並沒有把這件事發在心上，後來被其他事情一打攪，這件事他完全忘記了。

等他後來從報紙上讀到一條新聞，說他將要譜寫一首爵士樂曲時，他很有些莫名其妙。他想了許久，這才想起了惠特曼的請求，於是他對自己說：「我應該為他寫的，而且要寫得與一般人不同，使人們對爵士樂產生尊貴的感覺。」

於是，他寫下了一首曲子，並在很短的時間內完成了，這就是《憂鬱者之歌》——被音樂界賦予了無上榮譽的傑作。

當這首曲子演奏的那天，聽眾如潮水般湧進戲院。在演奏時，聽眾都深受感動，甚至流下了眼淚。無疑，這次音樂會獲得了空前的成功，掌聲喝彩聲不斷。《憂鬱者之歌》不但替美國音樂界劃出了一個新時代，而且使傑斯文的大名震驚了全世界。

8 歌唱家——卡羅素

他的母親打著赤腳做工，為他掙學音樂的費用，結果他成了世界上最偉大的歌唱家

世界著名歌唱家恩瑞科．卡羅素於一九二一年去世，當時只有四十八歲，各國人士無不為其扼腕痛惜，因為在人類記憶中最美麗的嗓音從此永遠地沉寂了。

卡羅素是在全世界的喝彩和讚美聲中匆忙辭世的。由於工作過度，他偶然受了風寒，當時他並沒有很在意。但是病情卻越來越嚴重，在死神的追逐下，他勇敢地同死神搏鬥了六個月，這時候，全世界酷愛他歌聲的人越來越多，他們內在虔誠地禱告，求神不可測知的命運放他一馬。

卡羅素那神的嗓意不僅僅是天生的，更為重要的是他多年的苦練——刻苦的練習和堅定的決心一直陪伴著他。

起初，他的嗓音又輕又薄，以至於一個教師對他說：「你放棄唱歌吧！你不是唱歌的材料，你連一點嗓音也沒有，你發出的聲音像風吹窗板一樣。」

有好幾年，他的嗓音都在唱到高音時失敗，而且他的表演也非常糟糕，以致有一次在他演唱時，聽眾竟發出嘲諷的噓聲。世界上很少有人曾得到過像卡羅素那樣的成功，然而當他的名聲如日中天時，每每想到早年所受的痛苦，他都會情不自禁地潸然落淚。

在他十五歲時，他的母親就去世了，而他在一生中無論走到何處，身邊總是帶著母親的相片。她曾生育過廿一個孩子，其中十八個在很小時就死掉了，只有三個還活著。她是一個農村女子，除了辛勤勞作和品嘗生活的悲苦之外，她所知道的東西非常少。

然而，她卻覺得自己的這個兒子是個奇異的天才，因此她不惜任何代價去培養他。**卡羅素常常說：「我母親走路不穿鞋子，為的是能夠節省些錢讓我學唱歌。」**他在說這句話時，忍不住哽咽不已。

在他十歲時，他的父親把他從學校領了回來，送到一家工廠去做工。每晚工作結束後，卡羅素就學習音樂，但他直到廿一歲時，才有機會到工廠外邊獨自去演唱。

在那個時期，他常尋找機會在鄰近的一家咖啡店唱歌，為的是能夠賺到一頓晚飯。他常受雇在女子的窗下為人唱夜曲。那位女子的不善唱的情郎，在月光下大膽地表演示愛的動作，卡羅素卻躲在暗處，把他的心傾注到如阿波羅一樣溫柔誘人的音調裡。

最後，當他第一次得到一個在歌劇院中唱歌的機會時，他緊張極了，以至於在排演時他的聲音像玻璃的破裂聲一樣尖銳且乾澀。他一次次地試唱，但每一種音調都像是大難臨頭的呼救聲，最後他急得眼淚奪眶而出，狼狽地逃出了劇院。

他真正第一次登台演唱時，卻酩酊大醉。他醉得一塌糊塗，以致他的歌聲被聽眾喝倒彩的聲音所淹沒。在那個時期，他只是一個替補演員。

有天晚上，那位在劇中唱男高音的人忽然病倒了，劇院急忙去找替補演員。當時卡羅素也不在。劇院派了許多人四處找他。最後在一家酒店裡找到了卡羅素，他當時已是爛醉如泥了。他撒腿飛奔到劇院，等他到達劇院時，他已經喘得上氣不接下氣，而且化妝室內的混濁空氣和他腹內的葡萄酒同時作起怪來，他頓時感到天旋地轉起來。等到卡羅素搖搖晃晃地走到台上時，全劇院立刻亂成了一鍋粥……

在那次表演之後，他被開除了。第二天當他清醒了以後，他傷心至極，甚至曾想過要自殺。他衣裡只有一個里拉，這剛剛夠買一瓶酒。他那一天沒有吃飯，當他正在一邊喝酒一邊想著怎樣自殺時，突然屋門被撞開了，跑進來一個信差——從劇院來的信差。

信差喊道：「卡羅素！卡羅素，快走！人們都不喜歡那個唱高音的。他們把他轟下台去了，全都喊著要你出場！」

卡羅素一點也不興奮，他不動聲色地答道：「要我！這真是笑話。他們甚至連我的名字都不知道。」

信差喘著氣說道：「雖然他們不知道你的名字，但他們要的就是你，他們都高喊著說要那個醉漢！」

從此，命運之神開始眷顧他了。

到卡羅素去世的時候，他已經是百萬富翁了。

單是他的留聲機唱片就給他帶來了二百萬以上的收入。然而由於他幼年時曾受盡了窮困的煎熬，以至他雖富有百萬，卻仍把每一筆開銷都記在一個小賬本上。不論是買一塊不值錢的舊花邊，還是收藏一件象牙飾品，甚至是賞給信差一角錢，他也會清清楚楚地記下來。

他對義大利鄉村的一切禁忌都非常在意。在他臨死的那天，他害怕自己真會看見「惡魔」。如果不先請教星相家確知路途平安之後，他是絕不敢搭船橫渡大洋的。他永遠不敢從梯子下邊走，或在星期五穿新衣，而且無論有多麼重大的事情，也不能讓他在星期四和星期五動身旅行或開始做一件新鮮事情。他有潔癖，他一回到家裡就得換一次衣服——從內衣一直到鞋子統統都要換。

他有一副世界極為少有而可貴的嗓音，然而也常常躲在化妝室裡吸煙。人們問他吸煙是否對他的嗓子有害，他只是笑而不答。他吃飯時總是狼吞虎嚥，在上舞台之前，他通常喝一點威士忌和蘇打水清清嗓子。

他十歲就離開了學校，對讀書絲毫不感興趣。他對他的太太說：「我何必念書，我向生活本身學習。」他從不念書，卻把許多時間花在收藏郵票和古錢上。他有畫諷刺畫的特別天才，並且每星期為義大利某周刊畫一張漫畫。

好幾年以來，他患了嚴重的頭痛病，這使他感到非常痛苦，有時他甚至會痛得大喊大叫。隨著他年齡的增長，他那驚人的活力日漸衰竭。

他閒暇時，喜歡一人安靜地坐在書房裡，對於世人對他的熱烈讚美，他也看得很淡了。最後，他陷入了一種深沉的憂鬱，每逢無事時，他就翻出他剪的報紙，細心地把它們夾在本子裡留作紀念。

「第七部　探險家」

- 空中飛龍——艾迪亞・洛肯貝克
- 探險之王——哥倫布
- 「北極熊」——史蒂文森
- 南極探險家——史考特
- 賽車人王——坎培爾
- 海軍大將——拜德
- 非洲探險家——馬丁・強生

1 空中飛龍——艾迪亞・洛肯貝克

辭去危險的墓石雕刻工作，成為美國一流的空軍

百戰不死的男子，二十五年來不斷向死神挑戰，不畏懼任何危險的人——這就是這篇故事的主人翁。他以驚人的速度駕駛賽車達二百次以上，在一九一八年第一次世界大戰中，擊落德軍戰鬥機二十六架——並且是在面迎敵軍的轟炸，未受傷地擊毀敵軍。

他就是在第一次大戰中留下英名、「無敵飛行隊」的指揮官、美國空軍英雄中的英雄——艾迪亞・洛肯貝克（Eddie Rickenbacker）的故事。

這是第一次大戰以後的事。筆者擔任澳洲空軍英雄羅斯・史密斯的秘書。提起史密斯，他是第一位飛越聖地耶路撒冷上空，最早飛越地球半圈的人，艾迪亞的品味與羅斯・史密斯很相似，兩人都是優秀的飛行員，都是勇敢的軍人，沉著而又穩重，兩人的言語及態度均很謙遜。在機關槍前佈陣，在天空中出生入死的人，實在非常令人讚歎。

艾迪亞一直到十二歲為止，都還是個粗魯、沒有耐性且遇事慌亂的孩子。他是當地的孩子王，搗毀街燈、壞事做盡。而後悲劇來臨：他的父親去世了。少年艾迪亞彷彿一夜之間成長了——「成長」是他本人說的。

父親去世之後，他下定決心要支撐起這個家，因此，他中途輟學到玻璃工廠工作。每小時五分錢，一天工作十二小時，每天早上必須步行七哩路去工廠，夜晚再走七哩路回家，因為這樣可以省下十分的電車費。

他有堅忍不拔的毅力，好勝心強地努力工作，但他還是厭煩了工廠無聊的工作，而希望有所突破。想運用線條及色彩將夢幻實現。所以，他又到夜校去學習繪畫，開始受雇於雕刻店，雕刻大理石的天使等。而他父親墓碑上的字就是由艾迪亞自己雕刻的。但是，聽別人說石工是一項危險的工作——因為吸入大理石粉易罹患肺病。艾迪亞便說：「我不想年紀輕輕就死去，我一定要找一份安全的工作。」

十四歲的某天早晨，這是改變命運的早晨——當他站在站上時，一輛汽車自眼前駛過，他張大眼睛目不轉睛地看著，它駛過俄亥俄州的科倫巴斯市。那對他而言是「汽車命運之神」。由於此一契機，使他的人生為之一變。

十五歲進入汽車廠工作，說是汽車廠，其實只是將馬車房加以改造的地方而已。在那兒出出入入的汽車很多，他學會駕駛汽車。不久，在自家院子裡建造了一個工作場，以自製的開始汽車製作。後來在科倫巴斯市開了一家新的汽車工廠，他希望能到該公司上班，但每次都被他們拒絕，跑了十八次就被回絕十八回。

終於，他決定與工廠的主人直接談判，「老闆，您不知道，從今天起您將增加一個好幫手，因為明天早上我將在這兒工作。如果地板很髒，我會打掃，如果需要外務及修理工具我都會做。」工廠主人大為吃驚。

他不考慮薪資問題，只希望能有這個工作機會，並且利用函授教學，專心學習機械工學，一面等待機會到來。

然後，他的職位很快地升遷了——工人、班長、後補技士、保養班長、業務員，爾後成為分店長。

不久，開始對改善汽車速度及冒險生涯產生渴望。賽車的刺激與興奮、觀眾的歡呼與喝采——是非常令人嚮往的。以目前的情況而言尚無法做到，但是改變人類的開車速度是有必要的，因此，他先改變自己的急性子，努力培養自制力，隨時保持微笑，不斷微笑的結果，使他最後以微笑著名。

賽車首先要有膽量。他深知此點，開始戒酒戒菸，每晚十時就寢。二十五歲時，他已成為世界第一流的賽車手。

然而**有趣的是，在過去三十年間，他開過數千萬英里的車程，卻沒有駕駛執照，甚至到現在也沒有。**

有人非常迷信行車的避邪飾物，他完全不信那些東西。卻經常有人送給他這類避邪飾品，隔天，他就會從汽車窗口，將全部的避邪飾物丟到坎薩斯州的平原上。

美國加入第一次世界大戰之際，艾迪亞只是賽車界的偶像而已。因此，他遠渡法國擔任帕生古將軍的司機。但是，任職將軍大人御用車的司機，與他喜好冒險的個性不合。於是他決定參加戰爭。他志在擔任戰鬥機的飛行員，在十八個月內創下美國空軍的第一大功，並接受了美、英、法三國授予的勳章。

他將當時的經歷寫成一本三百七十頁的書。包括血脈賁張的空中之戰及千鈞一髮的奪回生命，充滿了敘事詩的情趣，如果您想閱讀，可到圖書館找艾迪亞所著的《與Circus航空隊的戰鬥》。在美國空軍史上，能令人血脈賁張的書，到目前尚無其他書可以代替。

艾迪亞在第一次世界大戰之後，興辦汽車製造公司，後來轉往飛機製造公司，一九三五年進入東方航空公司，是培育全美一流航空通運公司的董事長。

2 探險之王——哥倫布

他為了尋求真理決定去探險，但他的探險計劃被人視為瘋狂愚蠢之舉，為此他整整努力了十七年

每年的十月十二日，我們都會慶祝歷史上一個非常重要的事件——哥倫布發現美洲。然而，這件事說起來卻有點可笑——哥倫布發現美洲其實並不是在十月十二日，他真正發現美洲的時間是十月廿三日。我們現在所用的曆法是教皇格雷哥里創制的。哥倫布在當時根本就不曾聽說過這種曆法。事實上，這種曆法在他死後一百年才產生。美洲殖民地於一七五二年採用了這種曆法。

當我們採用這種曆法時，恰恰在時間上提前了十一天。這是為什麼呢？因為那時候的曆法比太陽曆要遲十一天，因此，根據現在的曆法，哥倫布發現美洲並不是在十月十二日，而是在十月廿三日。

哥倫布年輕時曾當過海盜，這在當時並不是什麼值得驚奇的事，因為當時一些比較有條件的家庭都願意把孩子送到海盜船上去工作，這樣可以使孩子多增長一點見聞，經歷各種事情，而且還可以多賺一點錢。在他們看來，這種事情只要不被官方捉住，也就無所謂羞恥與卑賤的了；如果真的不幸被逮的話，那就只好自嘆時運不濟了。

哥倫布還在上學時，偶然讀到過一本畢達哥拉斯的著作，知道地球是圓的，他就把這一點牢記在腦海裡。經過長時間的思索和研究後，他大膽地提出，如果地球真的是圓的，他很快就可以到達印度。

但是，大學裡那些資深的教授和哲學家們都嘲笑他這種愚蠢的想法。他們想：難道這個瘋狂的蠢人竟然想向西直行，前往東方的印度不成？如果確有此事的話，這個人一定是個瘋子。他們對哥倫布說，地球不是圓的，而是平的。他們還警告他，說他的這種行為簡直就是自殺：他的船會走到世界的邊緣，不小心就會跌落到無底的深淵裡去。

哥倫布努力了十七年，希望能夠有一個人對他的這種冒險事業進行資助。他努力了十七年，也失敗了十七年。

最後，他在失望中準備放棄他的理想，他退隱到西班牙的一所修道院裡準備安度晚年。那時他還未滿五十歲，但是，他遭遇到了太多的艱難困苦，有著太多的傷心往事，以致他的紅頭髮都變得雪白了。

此時的哥倫布灰心喪氣，只想進西班牙的修道院，在那裡了卻他的後半生。

正在這時候，羅馬教皇拜見了西班牙女皇伊莎貝露，勸說她對哥倫布予以資助。教皇先送六十五個銀幣給哥倫布，作為他的路費。但哥倫布感覺自己的衣服過於破舊，就先用這些錢買了一套新裝和一頭驢子，然後起程去見伊莎貝露女皇，沿途窮得只得靠乞討度日。

女皇給了他所需要的船隻。只是，他發現要找到足夠的船員非常困難，幾乎沒有人敢去冒這個險。於是，他走到海邊，野蠻地抓了幾個水手，強迫他們和自己一同前去。他對別人軟硬兼施，賄賂加威脅，他甚至把囚犯從監獄裡提出來，只要他們肯參加這次冒險，就給他們以自由。

最後，一切準備就緒了。一四九二年八月三日，星期五，日出前半個小時，哥倫布帶著他的三條船和八十八個人，開始了世界歷史上最重要的、劃時代的航程。

哥倫布的探險獲得了成功。可是在新大陸建立起來的殖民地卻令他非常失望和痛苦。因為殖民地的人全部被印第安人所殺。

另外，殖民地的主管嫉妒他的功勞，故意控告他貪財失職，用鐵鏈將他鎖起來並將他送回了西班牙。雖然哥倫布一到西班牙馬上就恢復了自由，但是他所遭遇的挫折和痛苦，卻令他傷心和感嘆不已。

哥倫布在六十歲時離開了人世——那時已沒有人再注意他，沒有人紀念他，也沒有人為他歌唱。他是在一間破舊的、空氣流通不暢的房子裡去世的，牆上還掛著他被囚禁時所戴的那副鐐銬。他一直把它懸掛在那兒，作為人世空虛和天地不仁的一種殘忍的標記。這位探險新大陸的一代英雄，竟潦倒一生！

哥倫布完成了歷史上最驚人、最勇敢的功業，然而他因此得到了些什麼呢？他曾經想因此發一筆財，但直到他死時還是窮困潦倒。他曾經被授予「海軍上將和印度總督」的頭銜，然而那只不過是虛有其名而已，根本沒有什麼實權。甚至連他所發現的大陸都沒有以他的名字命名。

那塊新大陸是因一個地圖製造商亞美利加．韋斯普奇而得名的。實際上，哥倫布發現從這個新世界唯一得到的東西只是傷心和恥辱！

假如哥倫布知道自己發現的是新大陸，至少他的精神上也可以得到快慰，只可惜他臨死都不知道這一點。他還以為自己只不過發現了一條到達印度的新航線而已，所以他把居住在美洲的紅皮膚的土人也稱為「印度人」——他做夢也想不到自己已經發現了新大陸！

然而，哥倫布還是得到了某種「榮譽」，大家都相信他是發現美洲的第一人。而事實並非如此，早在哥倫布誕生前一千年，一名中國佛教徒海信就發現了美洲，後來，在哥倫布誕生前五百年的時候，古代斯堪的納維亞一個名叫雷弗．艾利克遜的人再度發現了美洲。

歷史學家們認為，雷弗．艾利克遜在馬塞諸塞州查理河河岸上所修建的房屋的遺跡，至今仍然可以找到。事實上，那些遺跡就在哈佛大學附近。

我們姑且不論哥倫布是不是第一個發現美洲的人，可是他那種勇敢無畏、百折不撓的精神，實在是值得我們作為楷模來學習。當水手們因畏懼而退縮時，只有他還在勇往直前；當水手們惱羞成怒地警告他如果再不折回的話，便要叛變殺了他時，他的回答是：「前進！前進！前進！向前進！」

3「北極熊」——史蒂文森

我曾和一位在北極圈內居住了十一年，其中六年完全靠肉和水兩種東西生存的人交談過。他是中世紀一個海盜的後裔——有著銀灰色頭髮的帥氣的挪威人，他名叫史蒂文森。他是第一個敢於從沒有糧食和燃料的北冰洋前往北極探險的人

當他第一次提議前往北極探險時，許多人都以為他精神出了問題。並且警告他，要是他真打算這麼做，他將很可能在途中餓死。究竟會不會餓死呢？連他自己也不敢妄下斷語。不過，他終於偕同兩位勇敢的助手，帶著槍彈火藥之類，向北極出發了。

他告訴我說，他們在北冰洋時就在漂動的浮冰上過了好幾個月。這些浮冰有的只有足球般大小。這些冰塊都在大約深達一英里至三英里的北冰洋內漂蕩。他們在冰上的最初四十天，還可以吃自己帶的食物；但是到後來，他們的食物吃光了，只好射殺海豹和北極熊來充飢；冷了就用鯨魚脂取火，渴了融化冰塊來喝。

他告訴了我他探險經歷中最驚人的一段：他們跟隨浮冰在北冰洋中漂流了七

百多里，不但沒有像一般人所擔心的那樣在半途餓死，反而在九十七天當中體重都增加了數磅。他說要是專吃瘦肉，或許他們真會被餓死，但北冰洋中有的是肥美的海豹和北極熊，生吃尚且可口，有時用熊毛作燃料烤熟了吃更是鮮美無比，所以他們的身體依然很好。

史蒂文森非常喜歡抽紙煙。這裡有他的一段探險趣話，有一次他的煙癮大發，但他帶來的紙煙全被助手抽完了，他竟急得咀嚼裝紙煙的布袋，並將布袋翻轉過來找尋裡面的紙煙碎屑。

他們的探險食品，除了海豹和北極熊外，還有各種動物，如野鴨、野鵝、鷓鴣、梟鳥等等，據說其中味道最美的是梟鳥。此外，史蒂文森有一次在餓得實在無法忍受的時候，還吃過皮鞋上的生牛皮。他說，一塊煮熟的牛皮滋味真是非常的棒，和豬蹄一樣好吃！

史蒂文森幽默地說：「因此，在寒帶，皮製的衣服比毛織品更有用些，餓極了的時候，不妨將牛皮煮熟飽餐一頓。」就因為這樣，在這裡要講一句笑話，當你們家裡清理雜物時，發現了一雙破舊的皮鞋，請你們千萬不要拋棄，因為，也許有那麼一天你們還需要用到它呢！

史蒂文森回到紐約後，向人們宣稱他們有六年多時間只靠肉和水來維持生存，立刻就有許多人對他們加以斥責，說他們信口開河，荒謬透頂，認為他們是最卑鄙無恥的說謊者。因為根據科學和衛生經驗，他們認為這幾乎是不可能的事情。史蒂文森為了證明自己所言非虛，便決定和一位助手除了吃肉類和水以解飢渴外，再繼續肉食一年，同時他們仍舊照常工作，想讓這些人看看事實是否真如他所言。

這項有趣的試驗是在比利維醫院的贊助和監視下進行的。在整整一年內，史蒂文森和他的助手時時接受醫生嚴格的檢查。他們的血液每天要分析一次，每星期需要記錄一次血壓，甚至從肺裡排出的氣體也要檢驗。結果是檢查不出任何問題。儘管他們天天吃肉類，他們一切都很正常，和正常人一樣。

在這項試驗進行的過程中突然出現了異常，史蒂文森的助手血壓起初很高，並且開始脫髮，又患上了傷寒病。當許多人正要為這個試驗將要失敗而慶幸時，不料這位助手的血壓在九十天之後又恢復了正常，不但不再脫髮，連傷寒病也痊癒了。

試驗自然是史蒂文森和他的助手獲得了勝利，並且，在這一年內，他倆都沒患過齲齒病。史蒂文森附帶著說明：從前，愛斯基摩村一帶的居民因為所吃的百分之九十九是肉類，所以幾乎沒有一個患齲齒病的人，但是自從他們學到我們的食譜後，在那裡流行起了齲齒病。

4 南極探險家——史考特

他對南極充滿了好奇，隻身前往那裡，但卻再也沒有回來

我想，世界上再也沒有比第二個到達南極的史考特上校的故事更為英勇、動人和悲慘的了。時至今日，史考特上校和他的兩個同伴在南極羅斯冰川慘死的經歷，仍令人痛惜。

史考特上校的死訊傳到英國時是一九一三年二月一個晴朗的下午，皇家花園中怒放著番紅花。消息傳來，整個英國為之震驚。在此之前只有在特拉法加海戰中陣亡的納爾遜海軍大將的死訊傳來時，英國人曾如此震驚過。

廿二年後，英國為史考特上校建立了一個極地博物館作為永久的紀念，這也是全世界第一家極地博物館。在那個博物館開幕之際，全世界的極地探險家們都不遠萬里趕來參加。在那所建築的頂端，有用拉丁文寫成的獻給羅伯特·史考特的題詞：「他去尋求南極的秘密，卻找到了上帝的奧秘。」

史考特上校去南極探險時，乘坐的是「特拉諾瓦」號船。自從那隻船進了南

極圈的冰洋之後，厄運就接連不斷。船身被無數的巨浪擊打著。船上的貨物被怒吼的浪花席捲一空，海水湧進了船艙，鍋爐的火被澆熄了，抽水機也轉不動了，在咆哮的大海中，這只無畏的船無助地走了許多天。

然而，這對於史考特來說，他的厄運才剛剛開始。

他曾帶了幾匹能在西伯利亞寒地賽跑的強壯小馬。但這幾匹小馬到了極地卻受了大罪。牠們在大雪中無力地掙扎著，牠們踏進了看不見的冰孔中從而腿被折斷，無奈之餘只有用槍將牠們打死。他從愛斯基摩人那裡帶來的能拖雪橇的狗，也在冰地的裂縫裡跑丟了。於是，史考特和他的四位同伴只得把牠們都丟下，拖著一輛約一千磅重的雪橇繼續向南極進發。

他們就這樣日復一日地拉著雪車在堅硬的冰地上掙扎著前行，累得上氣不接下氣，凍得喉頭閉塞，因為他們是在海拔九千尺的稀薄、嚴寒的空氣裡。

然而，他們沒有任何抱怨，因為他們相信在最艱苦的行程盡頭，南極的秘密在等著他們，自從上帝開創世紀後，那裡就沒有人去打攪過。那裡沒有一個生物或會呼吸的東西，連一隻海鷗都沒有，到處是死一般的靜寂。

到了第十四天，他們到達了南極——但是他們收穫的卻只是震驚和心碎。在不遠處的冰天雪地裡立著一根木棒，上邊有一塊碎布片在凜冽的寒風中迎風飄搖——是國旗！挪威的國旗！原來挪威的探險家阿蒙森已比他們先來到了此地——他們沒想到，自己多年的精心準備，數月的困苦掙扎，歷經千辛萬苦，卻僅因五個星期之差被阿蒙森捷足先登了。

經受了失望的重擊，他們懷著頹喪、失落地心情踏上了歸途。

他們返回文明世界的悲慘奮鬥，才真正是經歷了奧德賽式的巨大痛苦。凛冽刺骨的寒風將他們渾身都裹上了一層冰，就連鬍鬚上也結了冰。他們幾人跌跌撞撞地邁向了死亡的邊緣。一行人中，首先是強壯的軍官埃文思不小心腳下一滑，頭部撞在冰塊上嚴重受傷而亡。

接著，隊長奧茨也病了，他的腳被凍僵，每走一步都非常困難。他明白這會連累他的同伴們。因此，在一個夜晚，他爬到遮天蔽地的風雪裡把自己凍死了，以此來保全其他同伴的性命。當時他沒有說英雄式的誇大詩句，沒有表演出動人的戲劇，他只是安靜地說：「我想到外邊去走一走，過一會兒就回來。」——而他卻永遠地走了。

人們始終沒有找到他那凍僵的屍體。但現在，在他失蹤的地方，卻豎起了一個紀念碑，上邊寫著：「一位英勇的紳士死在附近。」

史考特和餘下的兩個同伴仍繼續掙扎著往回走。他們被凍得幾乎到了他們的鼻子、手指、腳一觸即碎的程度。到二月十九日（一九一二年）。他們離開南極後的第二十天，他們最後一次支起了休息的帳篷，他們只剩下剛夠煮兩杯茶的燃料、只夠吃兩天的糧食。但現在他們所處的位置距來時埋藏食糧和其他東西的地方，只有十一英里了，因此他們想自己這次一定有救了。只要再奮力一搏，他們就可以到達那個地方了。但讓人始料不及的是，悲劇卻在這時發生了。

天邊突然刮起了刺骨的大雪風暴，猛烈得竟將冰塊也擊碎了。恐怕地球上再也沒有什麼動物能夠抵擋這次颶風的襲擊。

史考特和他的同伴在帳篷中被困了十一天，而狂風仍不停地怒吼著。他們已經沒有任何賴以生存的東西了，他們都明白自己的末日來到了。

他們有一條路可走，一條很容易的路。他們出發時帶了很多鴉片，就是為了用在這種緊急關頭。只需多吃一點，就可以安然入夢，永不再醒來。但是，他們不想用這些東西，他們決心以英國人的尚武精神來迎接死神的到來。

史考特在他臨死前，給著名作家巴里爵士寫了一封信，他將他們臨終的情形敘述了下來。他們的食物已經都吃光了。死亡就要在他們頭上降臨了，然而，史考特在這時卻這樣寫道：「假如你能聽到我們在帳篷裡唱著愉快的歌聲時，你的心中或許會好受一些。」

八個月後的一天，溫暖的太陽又重新普照著南極大地，一支搜尋隊員找到了他們凍僵了的屍體。隊員們將他們的屍體就地埋葬在那裡，並用兩根滑雪木板做了一個十字架。在他們的墓碑上，寫著英國桂冠詩人丁尼生的長詩《尤利西斯》中的小段名句：

幾顆英勇的氣質相同的心，
雖經受了時間、命運的摧殘，
但意志堅定不移。
奮鬥、前進、探求，
絕不屈服。

5 賽車大王——坎培爾

一提到埃迪．里肯巴克，這不禁使我想起了瑪爾科姆．坎培爾爵士——因為在一次晚宴上，我正坐在他們兩人中間，他倆有些相似，都有點沉默寡言，又都醉心於風馳電掣般的速度

我知道，里肯巴克之所以參加這種瘋狂地飛車比賽，首先是因為他需要錢。但是，這位坎培爾也到這兒來湊熱鬧，他圖的是什麼呢？坎培爾自己是很富有的——我知道，即使賽車賺不到一分錢，他也絲毫不會在乎的。

那他到底為的是什麼呢？榮耀？名譽？

但是他說都不是——他僅僅是因為感興趣才這樣做的！

於是，我轉過臉來問里肯巴克，如果他看見坎培爾在比賽中以僅次於彗星的速度飛馳，他有何感想？參加過二百次汽車競賽的老將里肯巴克略微聳了聳肩，然後慢吞吞地說道：「我從來也沒有見到過，而且我也不打算去看。我想，像他這樣參加賽車，被摔死的機會在十回中會有九回！」

從來沒有一個人曾經像坎培爾爵士一樣，在這個地球的地表面上跑得如此之快——每小時三百英里，平均一分鐘五英里！按照這一速度，從美國的東海岸城市紐約到達西岸城市舊金山只需要十個小時的時間！

全世界只有四個人每小時曾跑到過二百英里——西格雷夫、洛克哈特、基奇和拜布爾——而他們都死得很慘。坎培爾卻是這些「飛人」中倖存於世的一個！

但是，讓人難以置信的是，他本人卻是一位宿命論者。他從來都不著急、也從不心慌。每次比賽完之後，當他從賽車中走出來時，非常輕鬆，就像平常人下班後駕車回到自己的家一樣。

在坎培爾十六歲那年，他對父親說自己想做一名賽車手，他的父親生氣地打了他一巴掌，並立即為他在倫敦最著名的羅德保險公司找了一份秘書的工作。坎培爾爵士對我說，他為那家公司效力了兩年，卻從來沒有得到過一分錢。從第三年起公司才答應發給他一些薪水。而今，他卻成了這家世界馳名的大公司的一位董事。

他在十九歲時突然想出了賣誹謗保險給英國報紙的主意。在英國，有關誹謗的法律法規要比美國嚴厲很多。不久，坎培爾便得到了英國許多家報紙的誹謗保險單。到廿一歲時，他已經擁有很多錢了。於是，他立即開始購買自行車、摩托車和汽車，並開始參加一些正規的比賽。他為了滿足自己打破賽車速度記錄的渴望，一共花去五萬英鎊（相當於廿五萬美金）。

他還到世界各地去旅行，為的是尋找最適於開飛車的地方。他曾到過丹麥、撒哈拉大沙漠、南非以及美國南部的佛羅里達州。但是，他對我說，美國西部猶他州的鹽鹼地才是世界上最好的汽車跑道——數萬年前的湖沼乾涸後的鹽鹼性湖底又硬又滑，就像冰一樣。

一次，他在丹麥參加比賽，當賽車的速度達到了一四〇英里時，突然「碰」的一聲，他的汽車前輪脫離了車身，跑飛了。汽車筆直地向路邊的觀眾衝過去，結果一名兒童不幸被撞死，車身一躍而起，飛過人群後，還繼續向前連滾帶跳了約一英里才停住。

不過，坎培爾爵士對我講，讓他最感驚心動魄的經歷還是在第一次世界大戰時期。當時，他以飛行員的身分參戰。他的任務是從英國駕飛機經過英法海峽到西部戰場去。然而，要知道他以前從未駕駛過飛機，而且，他還要降落到一個自己看不見且很不熟悉的地方。當他飛過德國兵的陣地時，德國的許多飛機立刻飛上雲端對他實施攔截，並用機關槍密密地掃射。然而，他就這樣飛了四年之久，卻連哪怕是一點點的皮外傷，都不曾受過！

但是，坎培爾一生中最冒險的經歷還要數他到南太平洋上的科克斯島去尋找埋藏多年的寶庫的經歷！科克斯島是地球上最可怕的一個地方。那裡沒有一間房子，一個人影也看不到。當地住的是一些以自身的古老文化自足的印加土著，他們白天藏在深山老林中，夜裡才偷偷地跑出來，到海邊去獵食。

他們這些人比海濱綠棕樹的影子還安靜。普通人的眼睛很難看清楚他們所在的位置。蜘蛛、螃蟹、蜈蚣、螞蟻使得沙土和岩石像滾沸一般蠕動；空中群蠅亂飛；成群結隊的鯊魚在海島周圍的水中游來游去。

為了找到珍寶，坎培爾應當順著一條小河一直往前走，直到發現一座岩石，這座巨大的岩石上有一道裂縫，如果用鐵鍬插入這個隙縫中，他就能夠發現一扇門。只要能發現這個通道，擺在他面前的就將是與出現在《天方夜譚》中阿拉丁眼前一樣的價值連城的黃金和奇珍異寶。

可是，坎培爾走遍了島上的每條小河，甚至連那些早已乾涸的小河也不放過。當然，他還走遍了荒林，幾乎把島上每座岩石都炸開了，結果還是一無所獲。

有一天，當他正在扎人的野草和密集的灌木林中前進時，他看到當時的風正朝著他打算前進的方向吹。因此，他與同伴決定放一把火為他們在前面燒開一條路來。他點燃一根火柴，草木立刻劈劈啪啪地燒著了。不到四、五分鐘，這座島就被燒得火光通天。

突然，他們驚恐地發現火焰並沒有完全按照他們預想的方向延伸，相反，火焰竟直直地朝他們撲了過來。眼看他們馬上就要活活被燒死了，於是，他們趕忙掉轉頭來沒命地飛奔逃命。

當他們逃到海邊時已經上氣不接下氣了，被煙熏火烤得焦頭爛額。數百英畝森林一齊燃燒，他們簡直就像熱鍋上的螞蟻一樣痛苦不已，他們幾乎就要跳入成群的鯊魚堆裡去了。幸好海濱綠油油的棕樹林沒有被燒著，他們才得以保住性命。

在那個荒島上度過了險惡的三個星期後，坎培爾沒有找到任何珠寶，倒是給自己帶來了兩條血淋淋的腿，受傷的手指和肩膀。此時，與其說他是一名英國紳士，還不如說是一名逃犯。他非常灰心失望，加之身體不適，於是，就急急忙忙地無功而返了。

但是，他卻對我講，將來他如果有機會還要去科克斯島，如果那裡真的有寶藏的話，他就一定可以找到。

他不慌不忙地說：「你知道，我為了這一冒險，已經走遍了半個地球了。」

6 海軍大將——拜德

他因劇烈運動而成了瘸子，但他第一個飛抵北極的夢沒有破碎。他始終堅信能夠實現自己的夢想，他最終成了美國的英雄

一九〇〇年，維金孔亞省溫特斯特地區有一個十二歲的孩子，他十分羨慕那位到北極去探險的海軍大將柏瑞偉大而壯烈的經歷，於是他買了一個日記本，偷偷地在日記本上寫道：「我決心成為第一個飛抵北極的人。」

在他幼小的心靈中暗暗地立下了這個宏偉志向。他明白，要去北極，必須要先做好各種冒險的準備，還要有百折不撓的吃苦耐勞精神，所以，他開始以古代斯巴達的精神來訓練自己，哪怕是在嚴寒的冬日，他仍只是穿一件單薄的襯衣。他要磨煉自己在寒帶地區生活的耐力，要與風雪相抗爭。

不要小看這個年僅十二歲的孩子，他在許多年的準備和奮鬥之後，終於完成了他當年日記上所寫的宏願。他的確是第一個飛抵北極的人。不僅如此，他還是第一個飛抵南極的人！他的名字也因此震驚了全球，他就是海軍大將李屈林·拜德。

如果把拜德將軍的一生經歷記述下來的話，那是非常動人的。尤其難能可貴的是，他在孩提時代就具有堅強不屈，排除一切障礙的精神和魄力。

他最喜歡旅行，並渴望能夠到一些奇異的地方去遊歷，所以他從十四歲開始，就開始環遊世界。旅遊歸來之後，他開始進學校讀書。他酷愛拳術、角力以及足球之類的運動，但不幸的是，他在廿八歲那年，因為劇烈的運動把腳踝折斷了，成了跛子，因此他不得不離開海軍，這讓他傷心極了。

但是，他並沒有因此而灰心喪氣，他總是這樣想：**「我雖然因殘疾而離開了海軍，但我的手和大腦還是健全的，還有強壯的體魄，至少我還可以投身於航空界，將來照樣可以有所成就的。我從未聽說過飛機駕駛員是站著的——不錯，飛行員都是坐在駕駛座上的，那麼我的跛腿也就沒有什麼不利的影響了。」**憑藉自己堅強的意志，拜德後來果然進入了航空界，而且還創造了驚人的奇蹟。

為了試驗空中冒險的本領，他決定駕機飛往北極一次，但他的計畫曾多次因特殊情形而受阻。起初他駕shemandb號大型機北飛，不幸中途機毀。然後他要求政府允許他駕機做橫飛大西洋的試驗，結果被政府拒絕了，原因是考慮到他的腿傷。後來又有一次，他要求政府允許他駕駛阿莫森所曾計畫過要飛渡北冰洋的那架飛機，但沒有得到允許，這是因為他當時已結婚了。緊接著，他又受到第二個重大刺激——政府命令他再次從海軍退役，原因還是他的腿傷。

然而，拜德並沒有把自己的腿傷放在心上。他認為即使是個跛子，只要有智慧有勇氣，那麼仍然比一個身強體健而缺乏頭腦和勇氣的人要強得多。因此，他私下裡籌集了一筆款項，開始了他的冒險計畫。終於，他完成了震撼世界的豐功偉績。

他橫飛了大西洋，從北極上空擲下了一面美國國旗，再飛至南極的上空，又丟下了一面國旗，當他返抵國門的時候，所到之處莫不萬人空巷地歡迎這位飛抵了北極和南極的英雄人物。政府當局高度讚揚他的偉大功績，賜給他「大將」的榮譽頭銜——兩次因跛足而被海軍拒絕任用的他，卻成了著名的海軍大將。

7 非洲探險家——馬丁・強生

三個簡單的詞「Can You Cook」（你會做菜嗎）使他走遍了世界

馬丁・強生曾在非洲的荒野中拍攝過數千張猛獅的照片，而且親手打死過兩隻獅子。他曾告訴我說，他最後停留在非洲的一年半中，所見到過的獅子超過了他以前所見到的總和，然而他卻從來沒有放過哪怕是一槍。事實上，有時他在外出時連槍都不帶。

有些去非洲的探險家回來後都愛誇耀他們在那裡和猛獸搏鬥的經歷。但是，馬丁・強生卻認為，如果一個人真正懂得非洲野獸的性格，那麼他完全可以隨身只帶一根竹竿手杖，就會平安無事地從北部埃及首都開羅步行到非洲南端的好望角。

他還對我說起過，他最近一次去非洲時，曾隨身攜帶了一台效果不錯的收音機，能夠收聽到美國的廣播節目。起初一兩個月，他經常聽收音機，但後來他對那些冗長而無聊的商業廣告很是厭煩，因此，一連好幾個月，他都沒有再聽過它。

馬丁從十四歲起就開始漫遊世界。他的父親是美國堪薩斯州獨立城的珠寶商，馬丁從小就愛亂翻那些來自世界各處的珠寶箱。他對那些商標上奇異的地名非常嚮往，並決心將來要把這些城市走遍。終於，有一天他離家出走了。他先是遊遍了美國，然後又混在一艘滿載牲畜的船裡去了歐洲。

當他到了歐洲後，他不停地找工作，但工作卻似乎並不青睞於他。他曾在比利時的布魯塞爾挨過餓；他曾站在法國的海邊悵望大西洋，茫然無助，不知自己該何去何從；他還在倫敦的空貨箱裡待過，因為沒錢住旅店。為了回到美國堪薩斯州故里，他還曾偷偷地藏在駛往紐約的一條商船的救生船裡。

在船上發生了一些改變他整個人生的事，促使他開始了自己偉大的探險之旅。船上的一個技師給了他一本雜誌，這裡有傑克．倫敦的一篇文章。在文章裡面，傑克．倫敦說他夢想著乘坐一條三十尺、名為「蛇鯊」的小船周遊世界。

強生回到獨立城家中，立刻給傑克．倫敦寫了一封信。他懷著滿腔熱情，寫了滿滿的八頁信紙，並請求與傑克．倫敦同行。信中他寫道：「我已經去過一次大西洋，我從芝加哥出發時，口袋裡只有五塊半路費，回來時卻還剩有二角五分錢。」

他的信已經發出去兩個星期了，他心急火燎地等候著回信。最後，他終於收到了一份傑克．倫敦拍來的電報。電文只有三個字（Can You Cook）——這三個字卻使馬丁的一生發生了改變。電報的內容充分體現了這一通信方式的爽快與簡潔

「你會做飯嗎？」

做飯？哈！他連米飯都還煮不熟呢。但是他還是馬上寫了回電，說「我願一試！」——隨即，他就找了一份在一家飯館的廚房裡幫忙做菜的工作。

等到傑克．倫敦的「斯納克」號船駛出舊金山海灣，向太平洋進發時，馬丁．強生真的成為了船上的總廚師兼洗碗工，而他竟然還能現學現賣，做麵包、炒菜、煮湯、甚至做布丁。同時，他還得負責採購路途中所需的飲食，他準備的鹽、胡椒、香料等東西簡直可以供全船水手吃上二百年。

在那一次旅行中，他學會了開船。他相信自己是一位駕駛專家，因此有一天，他為了顯示自己的本領，要憑自己的經驗判斷出船當時所處的位置。其實，當時「斯納克」號正在太平洋中向檀香山靠近。但按照馬丁的計算，船的位置卻應當在大西洋的中間！

但是，他卻不承認自己的計算水平僅止於此。像那些充滿激情的青年一樣，他一心要過那種朝思暮想的驚險生活。任何困難也無法挫敗他的熱情。有一次，一連兩個星期，水手們一滴水也喝不到，毒辣的烈日更把他們曬得幾乎發狂——船板上的松香油都被曬成了糖漿！

他從那時起幾乎過了三十年自由自在的愜意生活。這三十年來，馬丁居無定所，他走遍了五大洋，遊歷了全世界，從南海的珊瑚島，到非洲的黑森林，他的足跡遍佈世界各地。他是第一個把食人族照片帶回美國的人。他曾拍下了巨人、大象、長頸鹿和其他許多非洲曠野奇異生活的相片。

他帶回了一船的奇異動物——當然牠們全都是拍在膠片上的。後來這些膠片上的動物出現在上千部電影銀幕上。他把這些瀕臨滅絕的野獸生活拍攝成了永存的記錄——即使到現在這些動物已經滅絕了，這些記錄片也可使你曾孫的曾孫了解到曾經在廣袤的非洲曠野出沒的野獸風采。

馬丁．強生告訴我，一隻野生的吃飽了的猛獅，如果人不主動去招惹牠，牠便不會注意人身上的氣味。他曾把汽車開到有十五頭獅子的猛獅群中，而那些獅子卻仍舊安靜地躺在那裡，就像小貓一樣馴服。一隻獅子竟還站起來，上前去輕輕地咬著汽車的前輪。又有一次，他把車駛近一隻母獅子，近得只要牠抬一下爪子就可以抓住汽車，但強生卻連鬍鬚都沒有少一根。

「你的意思是要告訴我，獅子是最溫順的野獸嗎？」我曾這樣問他。

他回答道：「**絕不！我所知道的最好的自殺方法就是『信任』一頭獅子了。哈，因為你根本不可能知道，疲乏的牠什麼時候會忽然起了疑心而對你獸性大發。恐怕世界上最危險的事就是與獅子相鬥了。那就像一個一百磅的重型炸彈向你擲過來，獅子一躍可達四十尺遠。這比輕騎兵的速度還快。**」

我接著又問他，是否遇到過千鈞一髮的危急時刻，他回答道：「這樣的時刻有很多，但全都很有趣。」

他在南海群島遇到了一次最危險的經歷。那一次，他幾乎要在一鍋沸水中被煮熟了，被當成食物給吃掉了：當時，他正準備第一次拍攝食人族的生活情景。

經商的白種人闖進了食人族居住的群島，掠走了許多土人並將他們販賣為奴隸。因此，食人族對白人深懷仇恨——而且他們經常饑腸轆轆。他們已經殺死了不少白人，並搶走了許多物品。因而，在捉住了馬丁・強生時，他們也一定在想，這個人的肉完全可以作為星期日的美餐了。

當馬丁同酋長談話並將帶來的禮品一一陳列出來時，一群食人土番從樹林中跑了出來，將他團團圍住。而他的同伴此時還在數里之外，呼救肯定來不及了，他雖然帶有一支手槍，但是寡不敵眾，他不敢輕舉妄動。他的前額冒出了冷汗，心跳加速，但卻想不出任何辦法，只能故裝鎮靜繼續同酋長談判。土番越聚越多，一個個只等他們的首領一聲令下，就一起動手把他撕裂。馬丁・強生直到那時才第一次想到，當初如果老老實實地跟隨他父親當珠寶商，也不至於落到現在這步田地。

正當一群土番要撲上去時，奇蹟突然發生了。

一艘英國巡遊船從島下的海灣中駛來了。

土番們一個個瞪大著眼睛張望著，內心充滿了恐懼，他們以為是自己的冤家對頭來了。馬丁順著他們的視線看過去，他興奮地簡直不敢相信自己的眼睛！於是，他趕忙向酋長深鞠一躬，說了一聲：「你看見了吧，我的船來了。很高興和你們相識。再會了。」

土番人被眼前的景象給鎮住了，沒有一個人敢上前攔馬丁，馬丁迅速奔向海岸，跳上大船，離開了群島。

附錄
卡內基一生受用的金言：產生自信的名言

當危險來臨時，不要逃避，否則危險只會有增無減；
若毅然面對，危險便可減半。
所以，不論遇到任何危險，絕對不能逃避。
記住「絕不！」
——英國首相　邱吉爾

你已經達到自己的理想了嗎？
反省一下，你自己是否有這樣的勇氣——
「不行！這是徹底地失敗了！雖想不惹人生氣，
但畢竟還是沒能做到，以後說話前必定要三思。」
若你尚無此勇氣，則你亦未達到你的理想境界。
——美國總統　艾森豪

我今年已八十六歲了，到現在為止，
曾看過許多人由基層往上爬再成功的例子。
要成為一個成功者最重要的就是要有——
「別人能，我也能」的信念。
那些灰心喪志的人，是絕對得不到功名的。
——詹姆斯・奇朋士樞機主教

如果人類沒有逃避的地方，
就能極度忍耐不幸與災難，並且克服它。
人類隱藏著連自己都會吃驚的極大智慧與能力。
利用這些智慧與能力，即使會擔心，也會做得好。
只因我們不覺得自己有潛在能力。
——戴爾・卡內基

所謂「勇者」，就是一種不憂不懼「雖千萬人吾往矣！」的精神。

以下五個原則，便是成為勇者的保證：

・不管真相如何，你總要裝出勇氣十足的樣子。

如此，則會信心倍增、精神煥發。

而你也真的開始認為自己是「勇敢而可敬」的人了。

・放眼周遭，有太多的人因灰心和恐懼而處處碰壁，

但也有些人卻能很巧妙地度過困境。

因此你要確信——「別人能，自己也能。」

・人類的生命力因情緒之不定而盛衰有異。

一旦情緒跌入最深的谷底，便爬也爬不上來了。

因此，若不想徹底失去勇氣，

現在你自己就要將壓抑的力量，轉為克服失意的力量。

・夜晚比白天更容易磨損志氣，但勇氣須隨著太陽一起上升。

・勇氣是衡量人是否偉大的標準。發憤達到你的理想吧！

——戴爾・卡內基

若想要體驗一下勇者的滋味，
要先振奮精神，做一些勇者應做的事。
此時，你的畏怯便立刻為果敢進取所取代。
——美國心理學家　威廉・詹姆斯

大膽產生了勇氣；
膽怯則帶來恐懼。
——古羅馬幽默作家　普利斯・西爾斯

何謂勇氣？
就是在面臨死亡的極度恐懼中，
亦能採取必要行動的一種能力。
——美國　歐瑪・布拉多利將軍

希望務必藏在深深的海底，
否則它絕對無法展開翅膀。
——愛默生

只要努力去實現你的夢想，成功便指日可待。
即使是空中閣樓也不會終歸徒勞，
畢竟閣樓還是可建於空中的。
只是你必須先把樓閣下面的根基打穩。
——古希臘政治家　索倫

這樣的人，十之八九會成功的——有自信，
並且盡全力於工作上。
——英國將軍　威爾遜

唯有堅信自己能克服障礙的人，才能真正克服障礙。
在一天之中，連一個恐懼的對象都無法克服的人，
他尚未學得人生的第一課。
——美國思想家　愛默生

凡是人類所能做的事，
只要你有決心，
就像愚公一樣，即使是高聳入雲的群山，
你也可以把它移走。
相反的，即使是極單純的事，
一旦自己先退縮，
則一撮小土堆，你也將畏之如萬仞高山了。
——美國心理學家　愛彌兒・庫耶

能夠留意著自己的缺點，並且克服自卑感的人，
除了自己，沒有其他人可代你做到。
矯正的方法非常簡單——
「忘掉自己的事情！」
在羞愧、意氣消沉、或是心有掛念之時，
就應立即拋棄這些惱人的事，
而轉想一些其他較美好的事情。
在與人交 談時，不要離了題，
也不要有所顧忌，別人要怎麼想，
那是他的事。
不管他把你說的話當成什麼，
你絕不要在乎，要先對你自己有信心。

——戴爾・卡內基

用憂鬱的瞳孔去瞻望前景，
是最危險不過的了。
——美國資本家　亨利・哈利門

上至帝王將相，下至販夫走卒，
定要要求自己每天至少要致力完成一件事，
否則，就沒有成就大事的希望。
——美國教育家　華爾德・哈巴特

恐懼的次數，
通常要比危險的次數多得很多。
——古羅馬哲學家　塞爾加

每有一次行動，
人類的智慧便得一次的成長，而信念亦隨之滋生。
因此，「非幹不可」的意志力，
是過去的行動次數和當時決意的程度成正比的。
但有時，即使你信心十足、樂觀進取，
卻也有得不到成果的時候，
你若因此心灰意懶，
這種損害比失去機會要來得大。
這種人，或許多費些時日也可以有成，
但往往會變得冷漠——因為當時好功心切，
而成功來得太遲，以致熱情一點一滴消逝；
至於，有些人則是光說不練，他們貌似不凡，
而實際上，你不能期望他們成就什麼事。
因為他們的意志在每天的浪費中，正一點一滴地消失。
——美國女教育家　海倫・凱勒

【經典新版】卡內基五分鐘名人秘史

作者： 戴爾・卡內基
發行人：陳曉林
出版所：風雲時代出版股份有限公司
地址：10576台北市民生東路五段178號7樓之3
電話：(02) 2756-0949
傳真：(02) 2765-3799
執行主編：劉宇青
美術設計：吳宗潔
行銷企劃：林安莉
業務總監：張瑋鳳

初版日期：2021年5月
版權授權：翁天培
ISBN：978-986-352-951-4

風雲書網：http://www.eastbooks.com.tw
官方部落格：http://eastbooks.pixnet.net/blog
Facebook：http://www.facebook.com/h7560949
E-mail：h7560949@ms15.hinet.net
劃撥帳號：12043291
戶名：風雲時代出版股份有限公司

風雲發行所：33373桃園市龜山區公西村2鄰復興街304巷96號
電話：(03) 318-1378
傳真：(03) 318-1378
法律顧問：永然法律事務所 李永然律師
北辰著作權事務所 蕭雄淋律師

行政院新聞局局版台業字第3595號 營利事業統一編號22759935

定價 ：270元

國家圖書館出版品預行編目資料

【經典新版】卡內基五分鐘名人秘史 / 戴爾.卡內基著. -- 初版. -- 臺北市：風雲時代出版股份有限公司, 2021.02 面； 公分

ISBN 978-986-352-951-4 (平裝)
1.世界傳記

781 109020749